ぜんぶ運命だったんかい
おじさん社会と女子の一生

笛美

JN022550

AKISHOBO

ぜんぶ運命だったんかい
おじさん社会と女子の一生

もくじ

朝のエレベーターホールは、いつものように黒山の人だかりができていました。
ここは人々の夢と憧れを作り出す広告代理店。
ガラス張りのエレベーターの中に社員の人たちが乗り込んできます。
シュプリームを着こなすお兄さんたちに、
ゴルフ焼けした肌にスタイリッシュなスーツを着こなすおじさんたち、
有名大学の体育会出身と思《おぼ》しきガタイのいい新入社員たち、
そして30代独身バリキャリ女子の私。
エレベーターは嘘みたいな強い力で、
重力に逆らいながら上へ上へと押し上げられていきます。

私は彼らと同じように、この会社の一員のはず。
だけど本当はここにいてはいけない人間。
男としても女としてもできそこないの人間。
——生きていてごめんなさい。
エレベーターはどんどん上に上がっていくのに、
私は小さくなっていく下界の景色から目を離すことができませんでした。
エレベーターの扉が空きました。
私はいつものようにドアの「開」ボタンを押して彼らを先に通し、
自分は後に続きました。

装丁＝川名潤
帯イラスト＝笛美
ＤＴＰ＝山口良二

おじさん社会と女子の青春

金の卵たち

4月の晴れた空の下、広告代理店の新入社員になった私はリクルートスーツに身を包んで、同期4人とタクシーに乗り合って会社に向かっていました。

「A社までお願いします」と同期が運転手さんに告げました。

タクシーの運転手さんが言いました。

「皆さんはA社の新入社員ですか？　いいですねえ。金の卵じゃないですか」

「金の卵」なんて呼ばれたことがこれまでの人生であっただろうか？　表情には出さずとも心は高揚感でいっぱいでした。

子供の頃からCMが大好きでした。この会社でみんなに愛されるCMを作る人になるんだ。同僚とも先輩とも、きっと仲よくなれるはず。もしかしたら素敵な出会いがあるかもしれない。青空の下にキラキラ輝くビルが見えてきました。あそこが私の職場なんだ。嘘みたいだ。

ビルだけではなく、そこにいる同期たちも最高にキラキラしていました。真新しいリクルートスーツを着て入社式に集まった同期たちの会話からは、初めて聞く単語が漏れ聞こえました。慶應は幼稚舎からなのか。実家は都内のどこなのか。23区内でも港区なのか、港区の麻布なのか青山なのか。家族はどこの会社のどの役職なのか。東京に生まれただけでも私からしたら特別な人なのに、その中にも細かくランクがあるのかな？　なんだか大変そうだなあ。

同期は男女6：4ほどの割合でしたが、「本当に優秀な人をとったら女子ばかりになる」とはよく言われていました。高い倍率の競争をくぐり抜けてきた女性の自分を誇らしく思いました。全国から集まってきた秀才や鬼才たちの中に、海のものとも山のものともつかない私を加えてくれてありがとう、A社。

ところが私は研修初日からやらかしてしまいました。まずスーツにつける社員章を忘れてしまいました。あとこれは厳密にはルール違反ではないのですが、声が大きかったり、リアクションが大袈裟だったりと、かなり浮いていたようです。

同期の女の子からは、「社会人としての自覚を持って。笛美のおかげで私たちの評価まで下がったら困る」とクギを刺されました。新入社員はどこの部署に配属されるかが勝負。連帯責任で減点されないようナーバスになっていたのでしょう。とても申し訳ないことをしました。

私は昔から女ウケがよくないのです。特に初対面では「空気の読めない子」と思われてしまう傾向があります。でもこれまでのように徐々に信頼を積み重ねていけば大丈夫だとたかを括《くく》っていました。

新入社員研修ではよく上の立場の方々との飲み会に連れて行ってもらいました。

お店に到着すると、

「女の子は○○さんの隣に行って」

と言われました。

私は性別は女ではありますが、隣に座って喜ばれるような女ではないという自覚はありました。それでも偉い人と直接お話しさせてもらえることは滅多にない経験と、喜んで隣に行きました。

「社会人としての所作」なるものをほぼ身につけていなかったので、お酌や乾杯、上座や下座などの作法を教えてもらったのはありがたかったです。サラダの取り分けや焼き鳥を串から外すのも私たちの役割。「女の子についでもらった方が美味《おい》しい」と言われるなら断る理由がありません。

カラオケでは同期の女の子がなぜか80年代に流行《はや》ったアニソンを歌っていました。そうか、上の世代のおじさんたちが楽しめるように、場を盛り上げるための選曲なんだ。

男子の同期たちも、一気飲みや大食いで宴会を盛り上げています。

「ルービー」「ザギンでシースー」「チャンネー」とリアルで話している声が聞こえます。あれってトレンディドラマのワードじゃなくて、現代も使用されている用語なんだ。

先輩の中には脱ぎ芸やコールなど、にぎやかな飲み会芸を披露してくる人もいました。流石《さすが》に女性にはそこまでのヤンチャは求められておらず、女性の同期はニコニコしながらちょっと引いたリアクションをしていました。

私は自分も面白いやつと言われたくて、下ネタを言ってはみるものの滑ってしまい、ニコニコとリアクションするにとどめた方がよさそうだなと思いました。

飲み会などで体を張って楽しませることは「体育会系」ノリと言われていました。先輩たちはよく「仕事は遊び、遊びは仕事」と言っていました。私たちはそんじょそこらの退屈な会社員じゃない。ただの高学歴の高給取りでもない。エリートでありながら面白くもなれるし、狂ったところもある特別な人種なのだ。他のお客様や店員さんが引いて見ていても、ドン引きされるようなことをしてる自分たちをある意味で誇らしく思うようになりました。

飲み会の翌日は早起きして会社に向かいます。

一緒に飲んだ人にお礼巡りをしたり、お礼メールをしたりするのです。寝不足の頭と体を引きずりながら挨拶に行くのは、正直しんどかったです。古くさい慣習と思われるかもしれないけど、地道な積み重ねが人と人とのつながりを作るのだと学びました。

クリエイティブの研修はとても楽しかったことを覚えています。ひとつのお題に対してみんなが企画を出し合ってプレゼンをするのです。中でもきらりと光る企画を作っていたのは女の子たちでした。こんなに面白い女の子たちと仲間になれるなんてうれしくなりましたし、本当にやっていけるのか不安にもなりました。

クリエイティブの講師からは、有名な広告が作られたときの苦労話や裏話を聞かせてもらいました。話の中で「広告賞」というワードが連呼されていました。

「広告賞って何のこと?」と隣の同期に聞いてみました。

「クリエイティブ志望なら広告賞は知っといた方がいいよ。ACCやTCCなどの賞をとることがいいクリエイターの証とされているんだよ。新人の登竜門とされる公募の賞もあるから、まずはそこからだね」

エーシーシー? ティーシーシー? 一体なんだろう?

どうやら普通に働いているだけでは不十分で、賞をとることで頭ひとつ抜きんでなければば、いい仕事は回ってこないようでした。

クリエイティブの講師は言いました。

「新人に最初から上手くやることは期待していない。下手でもいいから、たくさん企画を出しなさい。面白い企画を出すのも大切だけど、まずは愛される後輩になろう。弱みをさらけ出して人間として愛されよう」

なるほど。結果を出すことも大切だけど、まずはクリエイティブ業界のコミュニティの一員として愛されることが大切なんだなと思いました。

新人フィーバー

配属されたクリエイティブ部署は男性がほとんどで、私以外の女性社員は2名、あとは総務課の女性という職場でした。若い人が組織に入ってくると、注目が一気に集まります。それが若い女子ならなおさらで、モテない私ですら人生の最大瞬間風速が吹いたようでした。

配属されたクリエイティブ部署の先輩たちは9割が残業をしており、会社に住んでいるような人もいました。昼間からソリティアをしていたり、定時きっかりに帰るおじさんもいましたが、「やる気がない人」と言われていました。新人の私はもちろん「やる気がある人」に見られたかったので、初日から先輩と同じように残業をするようになりました。

新人の頃は毎晩のようにどこかで開催される飲み会に「男ばかりでは華がないから」と呼んでもらっていました。人生でほぼ初めての「華」扱いに気分は高揚しました。彼氏の有無や好きな男性のタイプなどを聞かれることがよくありました。彼氏がいなかった私は、「どうやったら彼氏ができるのかアドバイスくださいよ〜」と頻繁にネタにしていました。

とある新人歓迎会で、酔っぱらった上司にど下ネタ発言とボディタッチをされ、私はただニコニコしていたことがありました。

翌日になってその様子を目撃していた男性の先輩が言いました。

「昨日は止めてあげられなくてごめんね。あれはひどいセクハラだよ」

「え？　何がですか？　全然平気ですよ！」と答えました。そんな小さなことを気にするダサい女じゃないというところを見せたかったし、実際に本当に平気だったのです。

先輩たちはみなさん芸達者で、カラオケから宴会芸、トークなど、場を盛り上げるのがとても上手で、一緒に飲むのはとても楽しかったです。

他部署には女傑と言われる50代の女性社員がいました。女傑の先輩はこの会社における女性社員の先駆けで、フェミニンさを強調したような見た目ではなく、独身を貫いていました。女傑の先輩は男性がやるような「脱ぎ」を取り入れた宴会芸をすることで有名でした。いつか見られないかワクワクしていましたが、一度もそれにお目にかかることはありませんでした。私も体を張った宴会芸をするべきなんだろうか？　でもそういう「女を捨てた」ような人にはなりたくない。女の子らしさをキープしたまま宴会を盛り上げる人になりたい。そううっすら思っていました。

フロアには総合職の人たちに混じって、派遣社員の女性も働いていました。彼女たちは私がこれまでに見た誰よりも華やかで細くて、同じ女なのに自分とは違う人間のように見えました。でも派遣社員の人たちは3年で契約が切れてしまうらしいのです。「だから契約が切れる前に男を捕まえようと必死なんだよ」と男性の同僚が言っているのが耳に入りました。

入社前にOB訪問に応じてくれた先輩が出張に来ていたので挨拶に行ってみました。先輩は私を見るなり「女っぽくなったなあ」と言いました。

一次会でごはんに行き、タクシーで二次会に行く前に「ホテルに忘れ物をした。忘れ物をとってから二次会に行きたい」と言われました。

そこでホテルまでタクシーで行きました。

ロビーで待っていようと思ったのですが、なぜか先輩の部屋に行くことになりました。

部屋に入ったとたん、先輩は靴を脱いでベッドの上で寛《くつろ》ぎ始めました。

「あれ？　二次会に行くんじゃないんですか？」と聞くと「セックスしに来たんじゃなかったの？」と言われました。

頭が真っ白になって何と答えたのかはわかりませんが、適当にはぐらかしてホテルから逃げ帰りました。タクシーの中では心臓のバクバクが止まりませんでした。なんでホテルになんかついていったんだろう？　先輩には交際中の彼女がいたし、男として見ていなくて気づかなかった。ショックを受けつつ翌日には何事もなかったかのように先輩にお礼のメールをしていました。


男性の同期はよくこんなことを言いました。

「女の子はチヤホヤされていいよな」

たしかにその時点では、女性の自分の方が男性の同期よりも注目を集めて美味しい思いをしているような気がしました。誰にも関心を持たれないよりは、関心を持たれた方がいい。仕事のために利用できるものは、何でも利用すればいい。

ようこそ広告の世界へ

新人フィーバーもひと通り落ち着いてきて、本格的な業務が始まりました。私の職種は「コピーライター」＆「プランナー」。コピーを書いたりCMを考えたり、ときにはイベントやデジタル施策を企画する役割です。「アートディレクター」は、広告のビジュアル面を考える仕事。そしてコピーライターやプランナーやアートディレクターなどのスタッフを統括する役職を「クリエイティブ・ディレクター」と言います。

研修で学んだように、新人のうちは誰よりもたくさん企画を出すことを心がけていました。すべての打ち合わせで、すべての案出しで、自分の案こそが勝たなければ。でも最初から勝つのは難しく、やっぱり上には上の先輩がいるわけです。その先輩たちの企画を見ながら、何が自分の企画と違うのかを学んでいきました。

初めてクライアントへのプレゼンに自分の企画が持っていってもらえたときは、とてもうれしかったのを覚えています。どんどん欲が出てきて、捨て案ではなく弊社イチ押しの案として出してもらいたいと思うようになりました。でも、そこに至るまでには数年の時間が必要でした。

広告代理店はクライアントが昼間に会議で決めたことを夕方から作業して仕上げるという働き方をしており、どうしても夜型になりがちです。みんなで仲よく夜ごはんを食べにいって、会社に帰ってまた仕事をする日々。私にとって会社はまさに家族のような存在でした。たとえ仕事がなくても新人のうちは自己研鑽《けんさん》などやることが山のようにありました。帰るのは午前1時、2時過ぎるのが当たり前。フラフラになるまで働いてタクシーで帰るのは辛《つら》かったけれど充実感もありました。クライアントワークで辛いことがあっても、チームのメンバーが好きな人ばかりだったから凹《へこ》みませんでした。むしろ一丸となって辛さに耐えることで団結できるような気がしました。

広告の仕事の中で「競合プレゼン」はチームがもっとも熱くなるお祭りでした。競合プレゼンとは、クライアントが複数の会社に企画を競わせることによって、最良の広告プランを引き出すために行います。いま付き合っている広告代理店を見直したいときも、競合にかけることがあるようです。広告代理店からすると、クライアントがずっと自社とお付き合いしてくれる方が、安定した体制で広告を作れます。でもいざ他社と天秤《てんびん》にかけられると、「他社に負けてなるものか」と、がぜん燃えるのです。

新人の私はまったく競合プレゼンの戦力にはならなかったけど、資料作りやプレゼンの準備をサポートして先輩を戦いに送り出していました。

「くだらない広告ばっかり」と世の中の人が言っているのをよく聞きます。でもあの「くだらない」広告が何ヶ月もかけて作られているのだと実際に働いてみて知りました。競合プレゼンをして、何度も企画を出し直して、上申のたびにフィードバックが返ってきて、また修正案を出して、一案しか選ばれないとしても複数の案を完璧に仕上げる。まるで泥の中に咲く蓮《はす》の花のように、たくさんの苦難を乗り越えて広告は社会に存在しているんです。

CMの撮影現場では、たった15秒のCMのためにも監督やカメラマンや照明さん、音声さん、美術さん、ヘアメイクさんにスタイリストさん、ケータリング屋さん、プロダクションマネージャーさんやプロデューサーさん、何十人ものプロが結集します。制作スタッフさんの力で、10点の企画が60点になることだってあるのです。

初めてタレントさんの撮影に行ったときは、とても感動しました。タレントさんがカメラの前に立つだけで、ものすごい吸引力と存在感を発揮して、画面がバチッと決まる。きっと多忙で疲れているだろうに、撮影の場では私たちの意図を汲《く》み取って表現をし、周囲への気遣いや笑顔を絶やさない。同じ人間なのに、私たちとは何かが圧倒的に違う特別な人。

大学で心理学を専攻していた先輩がこんなことを教えてくれました。

「人間は繰り返し接するものを好きになりやすいんだよ。心理学では単純接触効果っていうんだ。広告でもタレントでも人気者になりたいなら、まず露出を増やすことが大事なんだ」

心理学ってすごい。人間の心のこと、ここまでわかっちゃうんだ。企業がたくさん広告を出すのも、タレントさんがメディアに出るのも、接触機会を増やして好きになってもらう目的があるのか。

自己研鑽のために宣伝会議の「コピーライター養成講座」に通いました。学生時代から駅に貼ってある美少女のポスターを見て気になっていた講座です。この講座では第一線で活躍するクリエイターの講師から、コピーの書き方やＣＭの作り方を教えてもらえます。広告業界を目指す学生さんから、広告会社で働いているクリエイターの卵、そしてクライアント企業で働いている人まで、様々な生徒が通っていました。ふと教室を見回すと女性の生徒さんが多いことが気になりました。会社で働いているクリエイターさんは男性ばかりなのになぜだろう？　毎週生徒から提出されたコピーの中で上位のコピーが発表されるのですが、私のは最後まで1位になることができませんでした。広告代理店に就職できたはいいけれど、自分より面白い人間なんてたくさんいるのです。職場の先輩に言ってみました。

「コピーライター養成講座に行って気づいたんですけど、私より面白い人なんて社外にたくさんいるんですね」

「そうやで。映像プロデューサーで宣伝会議賞の常連の人もいるし、普通の主婦で広告賞をとっている人もいる。他の人たちが立ちたかったバッターボックスに笛美は立たせてもらえてるんやで。だから常に全力を尽くさんといかん」

恵まれた自分のポジションに感謝して、より一層の努力をしなければいけないと思いました。

広告が教えてくれること

田舎から出てきた芋のような私に、広告は数えきれない教訓を教えてくれました。私に広告のイロハを教えてくれたのは、30代の職人気質《かたぎ》のコピーライターS先輩でした。どんなにコピーを書いても、何かが違うと悶々《もんもん》としていたとき、S先輩が言いました。

「自分の中だけでコピーを書いていると広がらないよ。相手を想像して書かなきゃ」

そのシンプルな指摘にハッとしました。これまでほぼ自分だけの世界で生きていた私に、他者の存在が入ってきたのです。虚空に向かって投げていた球が、届けたい誰かの心に向かうようになりました。

とはいえ毎回うまくいくわけではなく、伝えたい相手が見えずに迷走することもあります。そんなとき、S先輩がアドバイスをくれました。

「全員を相手にしようとしなくていい。誰かひとりだけ想像して、その人がどうすれば動くのか考えてみよう」

空気が読めないヤツだった自分も、できるだけ相手の気持ちを知り、期待に応えることを心がけるようになりました。


世の中の人には「広告は嘘ばかりだ」と思われていますよね。でも多くの先輩たちは「広告で嘘を言ってはいけない」と口をそろえて言います。嘘はすぐに見透かされるし、心にも残らないからです。たしかに過去の素晴らしいコピーを見ていると、そこにひとかけらの真実があるように見えます。CMでも同じで、どんな荒唐無稽な設定であっても、そこに真実味が感じられたりする。そう頭ではわかっているにもかかわらず、嘘っぽい企画や無理のあるコピーを考えてしまう自分がいるのですが、できるだけ自分を省みるようになりました。

クライアントの修正指示に納得できないことがあると、帰り道によく愚痴っていました。

「前回と言ってることが違いますよね。ていうか二転三転しすぎですよ」

S先輩は言いました。

「クライアントは敵じゃないんだよ。もう一度書くチャンスをくれてありがとう、だよ」

たしかに、何も言われずにフェードアウトされるよりは、ちゃんとダメ出しをしてくれるぶん、私のことを信頼してくれているのかもしれない。

国民的に人気な名作広告もダメ出しやムチャぶりから生まれたそうです。「制約を乗り越えてこそプロ」だという大御所クリエイターさんもいました。ダメ出しやムチャぶりを受けると心にダメージを受けはするのですが、「いや、むしろここからが勝負だ。考える機会をもらえたんだ」と切り替えるようにしました。

過去のいい広告をたくさん見たり書き写したりして、身体に染み込ませることも教わりました。お母さんの献身を礼賛する広告を見ては感動して涙し、おばさんがダメ亭主をバカにしてる広告に笑い、男性のやんちゃさや不器用さを描いた広告をかわいいと思って見ていました。

よくあるな〜と思ったのが、人の一生を描くタイプの広告。女の子が生まれて、女子高生になって、ＯＬになって、結婚して、お母さんになって、そこから一気におばあちゃんになる広告です。もしくはその男バージョン。人の一生を見せられると、なぜこんなに感動するんだろう。広告って不思議だと思いました。

有名なコピーライターの人が「コピーは発明だ」と言っていました。コピーとは新しいものの見方を発明することなのだそうです。

それを聞いたとき、なんとも言えないロマンを感じました。私たちが作っているのは、ただのうまいこと言ってる文字ではなくて、エジソンの電球のように世界を変えるほどの「発明」。そう思うと、自分の仕事をますます誇りに感じるのでした。

いいコピーは不思議な力を持っています。まわりにたくさんのコピーが置かれていても、そのコピーだけが輝いて見えるんです。いいコピーがあれば、打ち合わせの空気が変わります。チームに希望が生まれます。スタッフさんにもモチベーションが生まれます。どんなに大変でもこの企画を形にしたいという原動力が湧いてきます。「コピーはこの指とまれだ」と言っていたコピーライターさんもいました。たったひとつの言葉でみんなの心を動かす、私もそんな仕事をしてみたいと思うのでした。

どんなに気を遣って作っても、実際に見た人から批判を受けることがあります。広告へのクレームが来ることをクライアントも私たちもとても気にして、不快感のないように細心の注意を払っていました。とくにSNSが普及してからはCMへのリアルな反応をエゴサーチして見られるようになりました。

とあるマイナーな媒体のために作った広告を「うざい」と書かれていたときはドキッとしました。よかれと思ってやったことも、実際に世の中に出してみるまで反応はわからないのです。でもどんなにマイナーな媒体に出た広告でも、ちゃんと世の中に届いているのだ。心して作らねばと思いました。

広告に正解はありません。夜遅くまでうんうん唸《うな》りながらコピーを書いていたベテランのO先輩はこう言いました。

「ああでもない、こうでもないと企画を書き散らしては選んでを延々と繰り返してるんだよ。40歳になってもこれやってるんだよ」

もうベテランだというのに、謙虚に自己研鑽する先輩に感心しました。新人の私が一発でうまくいかなくても、それは自然なことだし、クリエイティブの人生はずっと修業なのだと思いました。

ある日、自分が作った広告が載っている新聞が、道端に捨てられているのを見つけました。

「あんなに一生懸命作った広告でも、1日経てばゴミになるんですね」

O先輩は言いました。

「いいことに気がついたね。僕たちは一瞬しか見てもらえないゴミを作ってるんだよ。でもその一瞬でどれだけ伝えられるかが勝負なんだ」

世の中の人は、自分と同じような熱量で広告を見てくれるはずだと勘違いしてしまうことが往々にしてあります。でも私は世にも稀《まれ》な広告マニアであって、広告なんて多くの人にとっては単なるノイズだということを忘れてはいけないと思いました。

女の敵は女?

クリエイティブには年次が近い女性のB先輩がいました。20代の女性は私とB先輩の2人しかおらず、職種も似ていたので、よく比べられることがありました。

「B先輩は女子っぽさがないけど、笛美は女子っぽいなあ。笛美が来たことで、男子校に初めて女子が来たような気がするなあ」

と見た目を比べる男性社員もいました。B先輩は男性社員から「女っぽくない」などとからかわれるたびに、明るく笑って受け流していたので、平気なのだと思っていました。B先輩はどんなに忙しくてもデスクがきれいに片付いていましたが、私のデスクは散らかり放題。B先輩はライフプランに関してかなり計画的な一方、私は適当に生きていたので、「笛美ちゃんもしっかり者のBさんを見習ったら？」とアドバイスを受けることもありました。

女2人が対照的に扱われるのは仕事のアサインにも現れていて、B先輩は割と重めの自由度の低い仕事を任され、私は比較的自由度の高い仕事を担当させてもらっていました。B先輩の担当クライアントはとても厳しく、夜遅くに送られてきたダメ出しを翌日には反映して提出しなければいけなかったり、せっかく準備した企画が度重なる修正で意味を成さないものになったり、過酷で努力が報われづらい案件だったようです。クライアントから帰ってきた先輩がオフィスで泣いていたという噂を聞いたこともありました。お互いとても忙しく、年が近い割には、先輩と2人でご飯に行ったり遊びに行くこともできませんでした。

そんなある日、B先輩から私の悪い点を直すように書かれたメールをもらいました。「社会人としての所作がなっていない」など育成のための指摘もありましたが、デスクが汚いとか、肌が荒れてる、充血した目で会社に来るななど、個人的なことも含まれていました。私は目の前が真っ暗になりました。

女ウケがよくないのはいつものことだけど、いちばん嫌われたくない同じ部署の女性にまで嫌われてしまったのか。追い打ちをかけるようにメンターのS社員から「B先輩を許してあげてくれ」と言われました。

他の人もメールのことを知っているの？　もしかしてみんな私のことをあんな風に思っているの？　会社にいるのが一気に怖くなりました。もう自分の居場所なんてないような気がして、のびのびと仕事ができなくなってしまいました。誰かに相談するという発想はとても出てきませんでした。

会社が怖い。でも3年は会社を辞めてはいけない。そんなのは根性なしだ。朝の地下鉄のホームに電車が入ってくるのを見て、いっそ楽になれたらと妄想する日々でした。

中途入社したばかりのE先輩が私の異変に気づいて声をかけてくれました。

「僕もデスクを片付けるから、一緒にデスクを片付けよう」

2人して明け方までデスクを片付けました。そのときのことは感謝してもしきれません。

本当に困っている人は、自分が困っていることすら認識ができないし、ＳＯＳを出すこともできないのです。

翌年からB先輩は重いクライアントからはずれて、その仕事は私が担当することになりました。B先輩が幸せになってくれるなら、それでよかったのだと思いました。すっかり大人しくなった私は、「社会人としての所作」について指摘を受けることも減っていきました。もしかしたら「社会人としての所作がなっていない」とは端的に言うと「出過ぎるな」というメッセージだったのかもしれません。

B先輩へのしこりのようなものは、ずっと捨てられずに残っていました。いつか仕事で結果を出して見返すとまではいかなくても、せめてナメられないようにしたいと思いました。別の部署にいる女性の先輩が、私を心配してこんなことを言いました。

「私たちは数少ない女性なんだから、敵対しないで仲よくやっていく方がいいよ」

でも私はその言葉を受け取ることができませんでした。

女性同士だから助け合うなんて意味がわからない。むしろ女なんて私ひとりでよかった。その方が私だけが男性たちの寵愛《ちょうあい》を独り占めできたかもしれないのに。

孤独な日々

仕事が充実していくにつれ、プライベートはどんどん空白になっていきました。学生時代に親しかった友達とも物理的に離れ、会社だけが世界のすべてになっていきました。早く結果を出したくて、認められたくて、みんなの仲間になりたい私に、休んでいる暇などありませんでした。

土日祝日もほぼ休まず会社に来ていました。会社に来れば、いつも仲間や先輩がいて、「がんばってるね」と言ってもらえました。友達の結婚式を欠席してクライアント対応をしたこともあります。仕事以上に大切な予定など、この世界には存在しないのです。楽しいことや、ラクをすることを自分に禁じました。お風呂に入ったり、平日にぐっすり寝たり、友達と遊ぶことは、自分にはふさわしくないと思いました。

孤独を紛らわせるために、浪費をしました。友達は約束しなければ会えないけれど、服も化粧品もごはんもお菓子も、お金さえ出せばいつでも買うことができました。

朝の通勤ラッシュの街と、深夜のタクシーから見る誰もいない街。それだけが私の見る外の世界でした。病院も銀行などの窓口も、仕事が終われば閉まっていました。それは、まともな日常生活ができないということでした。スーパーに行くことができないので、学生時代に好きだった自炊もご無沙汰になり、コンビニと外食でしかごはんを食べない日々。仕事が忙しいという理由で、免許も失効しました。

昼間はとにかくいつも眠りたかったのを覚えています。眠りたい。ヒールを履いた足が痛い。いつどこにいても横になりたい。なんとなく会社にいたくなくて街に出るけど、石や金属のベンチばかりで温もりのある木のベンチはない。やっと見つけた木のベンチは真ん中に仕切りがあって横になれない。

夕方になると気になるのが化粧崩れです。ファンデーションは顔の皮脂と混じり合ってドロドロになります。それをあぶらとり紙や化粧直しシートで清め、新鮮なファンデーションを塗り直して、また何時間も残業をするのです。

女性誌には「帰ってから化粧を落とさずに寝てしまうダメな肌習慣」などと書いてあるのですが、普通のOLが帰ってメイク落としをしているであろう時間をゆうに超えてまで残業している自分は、一体どれほど肌を痛めつけているのでしょう。どうせ崩れる化粧を何度も塗り直されて、ずっと蓋をされている肌がかわいそうで、化粧をしないという選択肢を考えたこともありました。だけど男性社員が女性の先輩を指して「あの人、今日スッピンだな。顔がやばい」などと言っているのを見て、化粧をしていないことで減点されるのが怖くなりました。

深夜残業する日々が続くと、指先から体が冷たくなっていき、震えが止まらなくなります。お腹が空いて甘いものがほしくなり、コンビニのスイーツや菓子パンを食べるのですが、食べても食べてもまたすぐにお腹が空くのでした。

もともとおしゃれな人間ではないのですが、深夜残業が続くと、服のコーディネートに頭が回らなくなって、トップスはきれいめなのにボトムスはカジュアルのような、チグハグな組み合わせの服で出勤し、鏡に映る自分の姿にギョッとすることがありました。

徹夜をして会議室の椅子をつなげて寝ていたとき、朝5時くらいに警備員のおじいちゃんが見回りに来ました。

「若い女の子が、こんなに働いちゃいかん。何か思いつめてないかい?」

はりつめた心が解けて、涙が出ました。

「大丈夫です。私は平気です」と言いました。そんなおじいちゃんも、2年後には定年で居なくなってしまいました。

それでも会社のデスクで企画をしていれば寂しさを忘れることができました。私には夢と希望がありました。広告で成功して有名なクリエイターになって、故郷に錦を飾るのです。何者かになりたい。一角《ひとかど》の人物になりたい。そのためには賞をとって名をあげなければいけない。成功への道筋が見えているなら、進まないなんて手はないのです。受験でも就活でもそうやって勝ち進んできたのですから。

制作会社の人たち

でも私よりさらに遅くまで働いている人がいます。制作会社の人たちです。

広告代理店は広告のプランをクライアントに提案はしますが、自分たちで映像を撮影したりデザインを制作したりする機能を持っているわけではありません。ＣＭなら映像制作会社が、デザインならデザイン制作会社の人が、実際に手を動かして広告を形にしてくれます。

徹夜で考えた企画に対して、クライアントから厳しい修正指示やオリエンとは別の戻しが返ってきたときは、とても辛い気持ちになります。でも実際にその作業に手を動かすのは制作会社の人たちです。

休日出勤をしていたとき、デザイナーさんにこう言われました。

「代理店さんが休日まで働いているなら、うちもがんばらなきゃ」

制作会社の人たちは代理店より長い時間働くことをマナーだとすら思っているようでした。私たちは別会社で上司と部下でもないし、そんな風に思わなくてもいいのに。制作会社の人たちは飲み会に行けばお酌をしてくれたり、撮影ではお弁当を自分たちより先に選ばせてくれたり、何かと「おもてなし」をしてくれます。

どうしてこんなに尽くしてくれるんだろう。私が何をしたわけでもないのに。代理店にとってものすごく居心地のよいこの世界は、どれだけの時間をかけて形成されたのかな。制作会社の人たちは内心では自分たちのことをどう思っているんだろう？「自分の方が代理店より面白い企画が作れる」と思うこともあるんじゃないだろうか？

私の企画がゆるゆるだったときに、「この企画では間がもたないと思いますよ」など指摘してくれる監督がいました。企画とは骨格のようなもので、骨格がしっかりしていないといい肉づけはできない。監督はそれをいちばんわかっていたのでしょう。逆に監督が企画を面白がってくれるときはとてもうれしかったです。監督との会話を通して、その企画がどんな演出をされるのかも含めて、あらかじめ想像する大切さを知りました。未熟な私はこの監督さんをはじめ、外部のプロフェッショナルの力を借りて成長させてもらったと言っても過言ではありません。

制作会社に勤めていた知人が、うつ病になって休職したと聞きました。とても真面目で安定感のある人だったので「まさかあの人が」と驚きました。私も辛いけれど、制作会社さんに比べたら、まだまだ楽な方なのです。制作会社で働いている女性社員の離職率はかなり高く、私が新入社員だった頃に働いていた女性社員さんたちは、5年後にはもういなくなっていました。

「制作会社の人も納得してやっているんだ」と上司に言われたことがあります。たしかにそうかもしれないけど、心や体を壊してまで働くことに納得してる人はいるのでしょうか？　そして私もまた制作会社さんを搾取している立場なんじゃないか？　なんだかとても居心地が悪く感じました。

もし出世して自分が制作会社さんにメインで発注する立場になったら、できるだけ負担をかけない方法を考えたいと若手なりに妄想するのでした。

ダサピンク現象

世の中の消費財の8割は、女性が購入決定権を握っているといいます。でも私の部署は男性クリエイターが大半です。数少ない女性である私は、「女の子案件」をよく担当させてもらいましたが、キラキラした「女の子案件」を形にするには、想像していなかった困難があったのです。

新人の頃、とある女性向け商品のパッケージデザインの仕事に参加したことがあります。クライアントは中年男性と若手女性というチームでした。

女性のデザイナーさんたち数人がとても素敵なパッケージ案を出してくれていました。ターゲット世代としての意見を求められ、「そうですね、私はA案がいいと思います」と答えました。デザイナーの女性も「私たちもA案はイチオシです」と言っていました。クライアントのプレゼンでも、女性社員さんがA案を見て「かわいい！」と言っていました。実際にお客様へのインタビュー調査でも、A案が好感度や目立ち度で上位に入っていました。

きっと素敵なパッケージができあがるぞ。期待に胸をふくらませました。

しかしインタビュー後の打ち合わせでクライアントの男性社員さんからお達しがありました。

「社内での検討の結果、F案でブラッシュアップをお願いします」

F案はたしかに商品の機能がわかりやすくはあるのですが、インタビューでの評価は高くない案でした。それにA案ベースで商品の機能を目立たせることもできるのです。いったい、何があったのでしょうか?

クライアントの女性社員さんは、じっと黙り込んで意見を言わなくなっていました。男性社員さんは続けました。

「F案は機能性は伝わるが魅力度が足りないので、もっとレースやラインストーンとかを入れて店頭で映えるデザインにしたいです」

たしかにレースやラインストーンが流行った時期もありますが、当時はもう下火になりかけていました。私とは違うタイプの女性がターゲットなのかもしれないし、売り場での目立ち具合だったり、他にも大切な視点はあるのかもしれません。それにクライアントがお金を払っているので、インタビュー結果やデザインをどのように使おうと自由なのです。でも、せっかく集めたお客様の声はどうなるのだろう?

その後、アートディレクターの先輩やデザイナーさんたちは連日の深夜残業をして、何度も出し戻しをして、レースやラインストーンを取り入れたパッケージが完成しました。

しばらくたったある日、ネットを徘徊《はいかい》していると、「ダサピンク現象」なるものが話題になっていると知りました。広告やプロダクトなどのデザインの現場で「女の子はピンクが好き」という男性上層部の思い込みから、当の女性に好まれないデザインができてしまう現象のことです。

私が遭遇したのはまさに「ダサピンク現象」ではないか！

もちろんピンクを好む女性はいるし、その好みを否定しているのではありません。でも「女の子はピンクが好き」という先入観にとらわれて、当事者の声に耳を傾けないのはどうなんだろう？

数年後、ドラッグストアを訪れてハッとしました。当時選ばれなかったA案に似たパッケージが競合他社の商品として店頭に並んでいるのです。A案のデザインは時代を先取りし過ぎていたのだろうか？　それとも女性の好みが上層部のおじさんたちに届くまでには、数年もの時間を要するのだろうか？

「ダサピンク現象」はデザインだけではなく、コピーでも発生しました。とあるクライアントが「すごくとてもツヤめく」というコピーを広告に入れたいと言ってこられたのです。

「すごくとてもツヤめく」は日本語として不思議に聞こえるのではないか？　と心配になりました。

社内の優秀な営業の人は、よくこんなことを言います。

「広告代理店はただの下請けではいけない。もしクライアントが間違っていたら指摘するのが本当のパートナーだ」

そんな営業さんを見習って、「すごくとてもツヤめく」の代案を何度も提案したのですが、すでに上申してしまったのか、その提案は聞き入れてもらえず、不思議な日本語のまま世の中に出てしまったのです。

エンドユーザーの女性たちは、あのコピーを見て変だと思わなかっただろうか？　たとえ私が書いたコピーじゃないとはいえ、自分が関わった仕事が不思議なアウトプットになってしまったことは、痛恨の極みでした。クライアントも代理店も制作会社もみんなそれぞれの立場で一生懸命にやっている。なのにどうして、残念な結果になってしまうんだろう？

ちょっと難しいなと思ったのが自称「女心をわかっている」男性社員がチームにいるときです。たくさんの女を落としてきた実績と女心がわかっているという自負がある男性は女性の最新の流行も理解できているので、ダサピンク現象に陥ることもありません。「こういうメイクの女子はかわいい」といった男性目線でのディレクションもできてしまう。そうなると、チーム全体がなぜか当事者の女性よりも、「女心をわかっている」稀有《けう》な男性の方に耳を傾けてしまうのです。

企画が変わってしまうだけならまだいいのですが、お蔵入りしてしまったこともありました。クライアントは老舗《しにせ》企業で、最新テクノロジーを使った女性向け商品の広告を作ってほしいという依頼でした。そのクライアントの過去の広告では、比較的コンサバな女性像を描いてきました。いつも笑顔以外の表情を見せることなく、心にも生活にも余裕を感じさせる、おしとやかな聖母のような女性です。

現場の担当者さんは新商品の先進性を広告表現でも感じさせたいと思っておられました。そこで過去のおしとやかな女性のイメージはそのままに、ストーリーやセリフで新しさを感じさせる提案をしました。その提案は社内各部署を無事に通り、上層部までOKが出ました。撮影も仮編集も終わって、あとは最終仕上げとオンエアを残すのみとなりました。そのときです。担当者さんから連絡がありました。上層部からストップがかかったというのです。

「なにがあったんですかね？　企画書の段階では上層部もOKしていたのに」

クリエイティブ・ディレクターは言いました。

「役員のおじいちゃんたちにあの女性像は受け入れられなかったんだよ。企画書の段階では気にならなくても、実際に撮影されたものを見て、おかしいと思ったんだろう」

悔しくて仕方がありませんでした。でもすべてはお客様のお金でやったことなので、私たちは怒るポジションにはありません。

女の意見を通すには？

もし私が実力派の有名クリエイターだったらダサピンク現象は起こらなかったのでは？尊敬する女性クリエイターさんにお会いしたときに相談してみました。

「男性の上層部に企画が通らないとき、どう説得していますか？」

「おじさんは女性向けの企画はわからないと思いがちだけど、本当にいい企画は、男性にも伝わるよ」

私は言い訳をしていた自分を恥じました。そうだ、私のやり方が未熟だった。いいアイデアなら性別は関係ないはずだ。次から女の子向けの企画を出すときには、「女性とはこんな風に考える」と懇切丁寧な説明をつけたり、そもそも男性が理解しやすそうな企画にしたりするようになりました。男性が企画の価値に気づかなければ、そのアイデアは駄作で終わってしまうからです。

以前からうすうす気づいていたのですが、社内での企画打ち合わせのとき、同じようなアイデアでも私が発言するより男性の先輩が発言した方が通りやすいということがありました。男性の先輩の方が説得力があって、頼りない私には説得力が足りないのだと思いました。じっさい、私には先輩たちのような満ち溢《あふ》れる気迫も自信もありませんでした。

男性が言う方が聞き入れられやすいという傾向を利用して、打ち合わせの前に男性のクリエイティブ・ディレクターに、「女性はこう考えますよ」と根回ししておくテクを覚えました。すると打ち合わせ本番に彼がその意見を言ってくれるようになり、他の男性社員たちは納得してその意見を聞き入れるのでした。自分の手柄にはならないかもしれないけど、おかしな「女の子案件」になるのを未然に防ぐことができます。上司に花を持たせられるし、ウィンウィンです。

でもどうしても晴れないモヤモヤがありました。若い女性クリエイターは「女性目線での企画を」と仕事に呼ばれます。でも私は女性代表といえるような女なんだろうか？　私が思うターゲット目線の企画を出すと男性にはわかってもらえず、結局は男性が妄想する

「女の子が好きそうな企画」に落ち着いてしまう。もしも男性が想像する「女の子が好きそうな企画」でもよいのなら、なぜわざわざ私たちを呼ぶのでしょうか？「俺たちが思う女の子が好きそうな企画」を女の口から説明させ、お墨付きを与えるためでしょうか？

逆に当時としてはよい判断だったと思う「女の子案件」もありました。そのクライアントは、若い女性に向けた美容商品に参入しようとしていました。クライアント担当者にも若い女性を据えて、複数の広告代理店を呼んで競合プレゼンが開催されることになりました。社内のキックオフミーティングに呼ばれた女性メンバーは、美容商品にまつわるトークで盛り上がっていました。

「あからさまに顔を盛ってると思われたくないよね」「あざといと思われたくない。さりげなく盛りたい」「ナチュラルメイクが結局いちばん手がかかるんだよね」

これまで女性向け商材を担当したことのない男性メンバーたちは困惑していました。

「女性の会話についていけない。そもそも美容に関して持っている情報量がちがいすぎる」

ディレクター陣の判断により、マーケティングやクリエイティブの現場担当者は私含めた女性チームに一任されることになりました。男性メンバーは女性チームのプレゼンへの助言やクライアントの男性社員のケアをして、企画が通りやすくなるように立ち回ってくれたのです。そのチーム編成もあって、競合プレゼンに勝つことができました。当時としてはナイスな判断だったと思っています。

広告というのは生《なま》もので、関わっている人のバイオリズムまでもが反映されるのではないかと思います。様々なクライアントのお手伝いをしてきた中で、「いい広告」が作れたと思う案件には共通点がありました。それはチーム内に自由に発言できる雰囲気があり、エンドユーザーを中心にした判断ができていたということです。

逆に、せっかく予算があっても、エンドユーザーのことが見えていなかったり、見えていても無視せざるを得ない状況になったときは、まっすぐに届くアウトプットには結びつかないのかもしれません。そして自由な空気というものは、パワハラやセクハラや恐怖政治があっては、壊れてしまいます。

いい広告を作る現場には、いいクライアントがいる。これを言ったら元も子もありませんが、どんなに広告代理店が頑張ったとしても、広告はクライアントが目指す以上のものにはなれないのかもしれません。

「女の子案件」のジレンマ

私が担当する「女の子案件」は扱い額も大きく、会社として大切にしたい仕事だと言われていました。でも数年にわたって担当しているうちに、「女の子案件」というものはクリエイター業界での評価が高くないのではと気づき始めました。

新入社員のときに好きだった広告は、「カワイイはつくれる!」という花王エッセンシャルの広告でした。かわいく「なる」ではなくかわいいを「つくれる」というメッセージは22歳女子の心にズキュンときました。でも広告クリエイティブの賞では、なぜかあまり評価されておらず、私の感覚がおかしいのかなと思っていました。

「女の子案件」でもアースミュージック&エコロジーやルミネなどの超大型のブランド広告は評価されているのですが、私が担当しているようなシャンプーや化粧水のような商品広告はあまり賞をとってはいないのです。それよりも、カップ麺《めん》や缶コーヒーやゲームなどの男性向けの商品広告で、やんちゃだったり、テクノロジーを使っていたり、アーティスティックだったり、お笑いにふった表現の方が、小さくても業界人ウケしているように見えました。とくに２０１４年にトヨタがボカロの曲をＣＭソングに使ったことを皮切りに、大企業がアニメやアイドルなどの男性向けオタクコンテンツを堂々とプロモーションに利用するようになり、業界でも評価されることが増えたようでした。

もし女の子が審査員の広告賞があったら、「カワイイはつくれる！」がグランプリになるんじゃないだろうか……、あー、ダメダメ！　ストップ！

自分の実力のなさを他人への言い訳にするな！　そんな文句を言う暇があったらやんちゃできる「男の子案件」仕事に呼んでもらえるように少しでも名を上げるクリエイターになりなさい！　そうやって気を取り直して仕事に戻るのでした。

でも「男の子案件」の方が業界ウケがいいのでは？　という疑念は、そこから先もずっと頭から離れませんでした。たまに打ち合わせで男性社員が女性タレントに際どいポーズをさせたり下ネタなセリフを言わせる企画を出していました。クライアントにもタレント事務所にも通らないということはその場にいる全員がわかっているのですが、会議の空気はそこそこ盛り上がります。なぜこんなバカみたいな企画を出すのだろう？　そんな私を含めた女性社員のドン引きした表情も、男性陣は楽しんでいるように見えました。

タレント提案を考えていたとき、ある若手の女優さんの名前が挙がりました。

そのタレントさんはいわゆる絶世の美女ではなく、普通の女の子っぽい見た目の女性でした。

「枕営業のにおいがするな」

と男性の先輩が言いました。枕営業なんて本当にこの世に存在するのだろうか？ 有名になるために偉い人に性的サービスをするなんて。自分から申し出るのか、事務所の人が指示するのか。いま有名な女優さんたちも過去に枕営業をしたのかと、ふと気になりました。芸能界って、そこまでしないと有名になれない厳しい世界なんだ。もし枕営業をしたのに、有名になれなかったらどうなるの？ それって完全にやり損じゃないか？ でも本人が納得しているならいいのかな？ だって枕営業だって自己責任だし。でももしこれが男性だったらどうだろう？ 普通っぽい見た目の男性タレントが売れたら「枕営業」なんて言われるだろうか？ むしろ「演技派」とか「個性派」とか言われるんじゃないだろうか？ 考えれば考えるほど深みにハマりそうな話から目を背けて仕事に戻るのでした。

とある男性社員は「恋人は、しょせん素人《しろうと》です。」という風俗店のコピーを名作と絶賛していました。でも私は風俗を利用したことがないので、そういう表現は思いつかないのです。下ネタや毒舌を売りにする芸人さんのネタや『週刊ＳＰＡ！』などの男性誌を参考に、きわどい企画を立てたりもするのですが、やはり本家本元の男にはかないません。

女性向け商品の紙媒体の広告を出すことになり、自分的にかなり気合いを入れてコピーを書いていました。深夜まで残業していると帰り際に上司がやってきて励ましの言葉をくれました。

「期待してるからな。子宮でしか書けないコピーを書け」

きっと彼に悪気はなく、男性には出せない表現を期待していたのだろうと思います。でも子宮で書くコピーってなんだろう？　まだ子供を産んだことのない私は、子宮でコピーを書いていているんだろうか？

「恋人は、しょせん素人です。」は風俗帰りのちんこで書いたコピーかもしれません。男性社員たちはよく喫煙所に入り浸って仕事の話をしているので、「タバコで書くコピー」も存在するのかもしれません。でも子宮で書くコピーってどういうこと？

その週末は土日にも出社してコピーを考えましたが、自分の書いたコピーを改めて振り返ってみると駄作だらけ。キラキラと光るような言葉は見つかりませんでした。

なんでこんなにつまらないものばかり考えてしまったんだろう？　あんなに時間をかけたのに。その広告は結局、「子宮で書いたような」渾身《こんしん》のコピーにはならず、比較的さらっとした「おりもの」のようなコピーになりました。

ずっと「女の子案件」にプライドを持って取り組んできたけれど、クリエイターとしての将来のことを考えると、もっと評価されやすい企画で地位を築いた方がいいのでは？
そう思うようになりました。

賞レース

「女の子案件」だけでは、クリエイターのエリート集団に入れない。かといって賞がとれそうな「おいしい仕事」はライバルが多く、戦闘力の低い自分では企画を通せない。だったらみんなが注目していない場所で結果を出すしか、方法はないのかもしれない。そんな風に考えるようになりました。

深夜に一緒にデスクの片付けをしてくれたE先輩とチームを組んで、新しい分野の仕事のために勉強会を開き、少しずつレベルを上げていきました。その努力が実を結び始め、海外から評価されるようになりました。

国内賞では、既に有名なクリエイターさんやクライアントの仕事が評価されやすいのですが、海外賞では日本で名が売れているかは関係なく、作品そのもので評価される傾向があるのです。当時は無名のメンバーで構成されたチームが結果を出したことに、心から誇らしい気持ちでした。

海外賞をとったチームの一員ということで、少しずつ私の扱いも変わりました。打ち合わせで私の話を聞いてくれるようになったり、これまで任せてくれなかった仕事を任せてくれるようになりました。賞をとるために頑張っていたのは過去の自分なのですが、それでも賞をとった翌日から自分の見られ方が変わるというのは不思議な気がしました。

人気のクリエイティブ・ディレクターYさんと仕事ができたのは、とてもいい経験でした。Yさんは「お前のここがダメだ」などと個人の尊厳を傷つけるようなダメ出しで萎縮させることはしません。

「この企画、どうすれば点数を上げられるだろうね？」など、企画に対する改善点として伝えるように心を砕くのです。「こんな展開にもできるし、あんな展開にもできる」とYさんがポンポン例を挙げてくれるのを聞いていると、いかに自分が狭い考えに縛られていたか、クリエイティブには無限の可能性があると思い出させてくれました。Yさんは気になることを言っていました。

「笛美は女の子では珍しくおもしろいと思ったプランナー。本当は女の子に仕事を任せたいんだよ。過去に何人も育てようとしてきた。でも女の子は結婚したり子供を産んで仕事を辞めて行ってしまう。何度もそういうことがあってその度にがっかりしてきたんだよね」

そうか、たしかにせっかく育てた人が途中でいなくなるのは無念だろう。

「そうなんですか？　私は結婚しても出産しても仕事を辞める気はありません！」

自分は過去の甘ったれた女子たちとはちがう、特別な女なんだと信じていました。

とある海外の広告イベントに参加させてもらいました。様々な国から集まった広告作品の審査が行われたり、有名クリエイターのセミナーが開かれたり、夜はパーティーで各国のクリエイターと交流したりできるのです。アジア各国のクリエイターたちと飲みながら、ふと気になったことを聞いてみました。

「日本では午前1時、2時まで残業してるんだけど、あなたの国でも残業はしてるの？」

韓国人の男性クリエイターだけが「うちは午前3時、4時まで残業している」と言いましたが、他の国ではたいてい8時前には帰っていました。

そのイベントで海外メディアの方からアジアの広告業界における女性の地位について取材を受けました。一緒にいたインドネシアの女性が答えました。

「私の国は残念ながら、男女平等ではありません。本当は広告賞の審査員も男女半々にするべきです。なぜなら同じ企画でも男性と女性では評価がわかれることがあるからです」

穏やかで優しそうな彼女がそんな生意気なことを言っているのを聞いて、私は心底驚きました。なぜ彼女はそんなこと言うんだろう？　女性の数を安易に増やすとかダメでしょ。性別とか関係なく実力で選べばいいのに。メディアの方から同じ質問を振られたので、私も答えました。

「うちの会社には女性差別はないと思います。男性でも女性でも平等に評価してくれています」

後で知ったのですが、インドネシアは日本よりもジェンダー格差が少ない国でした。インドネシアの女性は女性差別を認識していて、日本の女性である私は女性差別を否定した。それが何を意味しているかに、当時はまったく気づいていませんでした。

男社会のエアーポケット

慢性的な女性不足のわが部署にも、少しずつ女性社員が増えてきました。私が新人の頃は２人だった女性社員も、今では６人ほどになっていました。「24時間戦えますか？」は男性的な働き方だと言われますが、私のまわりで深夜や休日まで残業していたのは独身女性のクリエイターたちでした。

休日の10時ごろに会社にいくと、少しずつ女の子が増えてきて、昼過ぎになると「ランチいこう」と声をかけあって出かけていく。それが私の癒しの時間になっていました。スーパー男社会の真ん中にできた、小さなエアーポケットがそこにはありました。

クリエイティブ業界では、男性も女性も我こそは上に行ってやろうという野望を持った人が多いのですが、でもそんな生き方とは一線を画しているのがJちゃんという人でした。Jちゃんは他部署からやってきたアートディレクターです。

静かに、淡々と、でも丁寧に。

彼女は自分の手柄のためというよりは、目の前のデザインをただよくするために無心で働いていました。重い仕事を断るクリエイターもいるけれど、Jちゃんは断りません。誰より遅くまで残業もしていたし休日出勤もしていました。それでもJちゃんは疲れた顔ひとつせず、服装も机も綺麗に整っていました。

Jちゃんと一緒のチームで働くと、競合プレゼンでも自主提案でも、いつもセンスのいいアートディレクションをしてくれます。外部のデザイナーさんにも変なプレッシャーをかけたり、過度な愛嬌《あいきょう》を振りまいたりせず、「ここはこうしてください」とフラットに告げるところもかっこいい。制作会社さんにも慕われているようでした。

いわゆる「女傑」にならなくても自分の意思をきちんと伝えて地に足つけて働いていく

方法だってあるんだ。当時の私は自分がスタークリエイターになる以外の道なんて見えなかったけど、競ったりマウントを取ったりしないクリエイターの働き方があるのだと教えてもらいました。ずっとJちゃんと一緒に仕事ができたらいいのに。でもいつかJちゃんも結婚して、一緒に残業や休日出勤をしたり、ランチに行くことも難しくなってしまうのかな？

「女の子案件」から「ママ案件」へ

女性クリエイターは若いときは「女の子案件」を任され、その次は「主婦案件」「ママ案件」へと移行していきます。私も「女の子案件」に並行して「ママ案件」を任される年齢になりました。ママ向けの商品なのに、会議室にいる女性は独身女性の私ひとりだけ。あとは男性ばかり。なぜママのクリエイターがこの会社には少ないのか、ふと気になりました。

よく「主婦」ってザックリ言うけど、具体的にどんな人なのでしょう？　20代の主婦もいれば70代の主婦もいるし、働いている主婦もいれば専業主婦もいます。「主婦」の調査データなどを見たり友人や知人にヒアリングをしたりして、ターゲットの気持ちを知ろうとしましたが、普段会うこともない「主婦」の実態はなかなか摑《つか》めませんでした。

でも漠然と主婦というのはサザエさんや野原みさえやちびまる子ちゃんのお母さんみたいな人で、台所で料理をしたり、掃除をしたり、洗濯物を干す女性のことなんだと想像しました。専業主婦と夫と子供2人の「普通の家庭」。でも近頃は共働きも増えたというし、昔ながらの主婦って数が少なくなっているのでは？　そんな考えが脳裏をよぎるのですが、うまく言葉にすることができませんでした。

一方の男性メンバーたちは自分の奥さんを引き合いに出して「主婦はこうだから」と話すことがよくありました。独身バリキャリの私より、彼らの方がよほど「主婦」という人種を知っているように思えました。そして彼らは私が持っていない「家庭」というものを持っているのです。

でも自分の奥さんを引き合いに出すのなら、なぜわざわざ独身女性の私を呼んだのかな？　それより彼らの奥さんを打ち合わせに呼べばよくないだろうか？　あー、ダメダメ！　生意気なことを言うな！　プロならどんなターゲット層にも対応できるはずだ。仕事がもらえるだけありがたいと思え。私は本音をグッと押し込めて仕事に邁進《まいしん》するのでした。

ママ案件のためにタレントさんを調べていてふと思いました。広告に出てくる女性タレントさん、10代20代で活躍してる人はすごく多いけれど、30代以降も同じように活躍しているだろうか？　30代以降の女性タレントもたしかにいるけど、限られた人たちだけ。「ママタレ」とか「美魔女」になるタレントさんもいるけれど、それでもテレビに出る機会は減っていく。

タレントだけじゃなくて、そもそも中年以降の女性がマス広告に出ていることが少ないような気がする。テレビを見れば、中年の男性タレントと歳の離れた若手女優がカップルを演じている。中年女性は需要がないから？　絵にならないから？　話題性が落ちるから？

年を重ねた女性タレントさんはどこに行くのだろう？

年を重ねた女性クリエイターの私もどこに行くのだろう？

広告業界のシンデレラ

「広告業界のシンデレラだね」

とあるプロジェクトの打ち合わせが終わった後、男性クリエイターのC先輩がそんなことを言いました。当時の私は賞がもらえるような、「おいしい仕事」にもコンスタントに呼ばれるようになっていました。C先輩は初対面でしたが、いかにも体育会系ではなく、中目黒とかにいそうな雰囲気を漂わせてる人でした。シンデレラと言われて、一瞬だけ謎にうれしかったんです。シンデレラって響きがいいですよね。私はプリンセスとは程遠い外見と性格だし、「女の子扱い」されたこともうれしかったんだと思います。

でも次の瞬間、自分を恥ずかしく思いました。上司＝王子様に見初められて、とんとん拍子にプリンセスになったシンデレラ。運がいいことを比喩にしたいなら「わらしべ長者」でもいいのに、なぜあえての「シンデレラ」？　仕事だけじゃなくて、女性の魅力も見初められたってことなんでしょう。

「かわいかったから仕事に呼ばれた」「笛美は女を使った」「笛美は苦労を知らない」まわりの先輩たちからそう言われたことはありました。でも初対面のC先輩にまで、そういう女だと思われてしまうなんて。C先輩は学歴もよくて企画も面白くて、当時はまだ有名ではなかったけれど、これまでに会った男性クリエイターの中ではトップクラスで実力があると思いました。そんな将来有望な人なら女を使ってのし上がった雑魚《ざこ》キャラは無視したって構わないのに、なぜそんなことを言ったんでしょう？

彼には専業主婦の奥さんがいて、きっと子供も産んでもらえるだろうし、この先もずっとお城にいることができる。私は今はお城に呼んでもらえているけど、結婚したり子供が生まれたら、どうなるんだろう？

崖っぷちのシンデレラ。きれいなドレスを着ていても、ガラスの靴はいまにも壊れそう。

おじさん社会と婚活女子

もっと上に、もっと下に

「高学歴・高年収・広告代理店のクリエイター」

もし私のプロフィールが男だったら、きっと多くの女性にモテて、今ごろ美人の奥さんとかわいい子供と愛人がいたんじゃないかと思います。でも同じスペックでも性別が違えば、まったく別の運命になってしまうんです。

広告業界の男性は同僚の私から見ても、異性として魅力があると思いました。コミュ力が高めで最低限の清潔感はあり、中にはとびきりのイケメンやお洒落《しゃれ》さんもいます（そうでない人もいますが）。キャビンアテンダントやモデルさん、美人の受付嬢さんや派遣社員さん、六本木のクラブで遊んでる女の子のような、女性としてブランドがある人たちを彼らは恋愛対象にしているようでした。

合コンしてお持ち帰りした話、夜中呼び出せばすぐに来てくれたり、ヤラせてくれる女性の話、デリヘルで遊んだ地雷女の話、遊んだ女の人がストーカーみたいになった話……女子力が高そうな彼女たちに劣等感を感じながらも、彼女たちを男性社員たちと一緒になって笑うことで、ある種の優越感を感じていました。

なぜ彼らはひとりの彼女じゃ満足できずに、たくさんの女の人と遊ぶのだろうかと、疑問に思ったことがあります。でも英雄色を好むと言いますし、女性の方から近寄ってくるのを断ることもできないのかな。彼らはとてもフレンドリーな性格で、私みたいな平凡な女にも関心を寄せてくれたときは、とてもうれしかったです。私とスペックは同じだけど、私には手が届かない上級な男性たちと、近い存在になれたような気がしました。

入社して数年たっても、なかなか彼氏ができなかった私は、モテ本や恋愛記事を読んで、スキンシップや上目遣い、「さしすせそ」など、男性をドキドキさせるモテテクを学びました。ファッションやメイクも男性に受けるものを勉強していきました。

社内で仕事ができて女性にもモテると評判の30代の先輩に、どうすればモテるのかを聞いてみました。

「笛美はスキがないのかもな」

「えー？　スキってなんですか？」

「男がイケるかもと思えるスキだよ。例えばデートでは処女性のあるファーの服とか着るといいよ」

処女性という言葉にドキッとしました。私は性体験がないことを恥ずかしいことだと思っていたけど、先輩は処女は演出する価値のあるものだと思っているようです。

「笛美はまず自分を好きになった方がいいよ。まず自分を好きにならないと、男性に自分を好きになってもらえるわけないさ」

そうだ、自分を好きになろう。ありがたい先輩からのお言葉をしかと受け止めました。

「綺麗になった」「女っぽくなった」そう男性社員に言われるのはとてもうれしかったです。でも、彼らは女の人のもとの姿というより、ファッションやメイクやヘアスタイルといった加工の部分に反応しているのかな。まあそれでも男性に加工を褒められるのは悪い気はしませんでした。

私は古着が好きだったのだけど、どうやらそれは男ウケが悪いということもわかってきました。久々に学生時代に好きだった下北の古着屋さんに行って、レトロなワンピースを試着したときのこと。「でもこういう服って男ウケ悪そう」とふとつぶやきました。

店員のお兄さんは言いました。

「服装で判断するような男性なんて、相手にしなければいいんですよ」

いま思えば彼はとても大切な気づきをくれようとしていました。でも当時は彼の価値観を受け入れることができませんでした。ただでさえ好きになってくれる男性が少ないのに、わざわざ古着で遠ざける理由はあるの？　私がモテなくなったらあなたは責任を取れるの？　どうせ他の男と一緒で、内心では私をバカにしてるんでしょう？

社内の男性には相手にされないことはわかっていましたが、社外の男性にまで引かれる女だということが、日を追うごとに明らかになっていきました。最も決定的だったのは学生時代の友達の結婚式に行ったときのことです。

私はAIMERというドレス屋さんで買ったレモン色のドレスを着て、美容院でセットしたゆるふわなヘアスタイルでした。つまり何も知らなければ、美人じゃないけど普通の女の子には見えたはずです。新郎側の男性が、私とある男性を引き合わせようとしました。

「こいつはエリートなんですよ。優良物件ですよ」

彼は私の業界のライバル会社に勤めていると言いました。

「笛美さんはどこにお勤めなんですか？」

会社名を言うと、男の子たちは一気に白けました。私の会社の方が、彼の会社より規模が大きかったのです。その男性のことが好みだったわけではありません。むしろそんなことで引く男なんて願い下げだと思いました。でも……こんなにかわいいドレスを着てヘアセットして、ゆるふわに武装解除していても私の職業が足枷《あしかせ》になって相手にされないんだ。

過去のお醤油屋《しょうゆ》さんの広告で、こんなコピーを見ました。

「あの人の家柄も学歴も、わたしのキンピラにはかなわない。」

彼の心を家柄のいい高学歴な女性に奪われないよう、せっせとキンピラを作る庶民的な女性というストーリーが思い浮かびました。私は決して家柄がいいわけではありませんが、世間的に見たらキンピラを作る女に倒される側なのだろうと思いました。

ドラマや小説でも、自立心のあるキャリアウーマンは最後には家庭的な女に負けるのが常です。でも、私はどちらかというとキンピラの女のつもりでいたのに、どうしてこの道に進んでしまったのだろうか？　そんなつもりはどこにもなかったのに。

「お前がA社じゃなければ、一般のメーカーの男くらいにはモテたのにな。ハイスペの男にはモテなかったかもしれないけど、平凡な幸せを手に入れられたと思うよ」

男性の同僚にこう言われたこともあります。バリバリ働く同僚たちのような男性には、私は女には見えていないのです。せっせとキンピラを作ってくれて、仕事をしていても残業はせず、ついでにモデルのような見た目の女性の方が彼らの相手にはふさわしいのでしょう。そうでなければ彼らは残業をしてトップを目指すような生き方を維持できないのですから。彼には決して悪気はなく、そして現状を正しく認識していると思いました。

私よりスペックが上の男は私を選ばない。でもスペックが下の男も私を選ばない。だったら自分の高すぎるスペックを、とびきりの女子力で取り戻さなければいけない。キャリアかキンピラか、ではない。どちらも兼ね備えた女になるのだ。

仕事ではもっと上に、もっと強く、もっと面白く奇抜に。

婚活ではもっと下に、もっと弱く、もっと愛想よくバカに。

社内結婚格差

男性の先輩や同僚たちは、次々に結婚していきました。女性である私でさえ会ったことのないような、天女のように綺麗で優しそうな女の人たちと。奥さんたちは家庭に入って、先輩たちの身の回りのお世話をやってくれるようでした。結婚しても彼らのライフスタイルは変わらず、独身時代と同じように深夜残業をし、コンビニや外食でごはんを食べていました。

「お前もそろそろ結婚しないとやばいよ」「女性の独り身は惨めだよ」「30になると卵子が老化するんだよ」と男性の同僚に言われるようになりました。

卵子の老化のことはよくニュースで言われるようになり、私はとっくの昔にそれを知っていました。

「そういう自分はどうなの？」と聞くと、「男は30過ぎても結婚できるし、70になっても子作りできるから心配ないんだよ」と言われました。

ある女性社員が妊娠したとき、「なぜこのタイミングで妊娠するんだ」と陰で言われているのを聞きました。いつか私が妊娠したときも陰でそう言われるのでしょうか？

もし結婚したらどんな生活になるんだろうか？　自分の家族を振り返ってみました。うちの両親は共働きでした。お母さんは残業は少ないけど、フルタイムで仕事をしながら毎日ごはんを手作りし、掃除や洗濯などの家事もこなしていました。おばあちゃんも家にいて、私たちの世話をしてくれました。お父さんは子煩悩だったけど、あまり家事はせずに新聞を読んだりテレビを見ていた記憶があります。

でも私は結婚したり子供ができたらどうなるんだろう？　実家からとても遠くにいるし、お母さんと違って仕事も残業がある。というか残業が多い。子供を産めば、育児という20年間も続く長期プロジェクトに携わることになる。今の仕事でさえ大変なのに、正直やっていける気がしない。想像するのさえ怖い。

働きながら子育てをしている女性のロールモデルをネットで検索しました。大企業で総合職として勤めながら、子供を2人育てた管理職の女性が出てきました。早朝に起きて、子供が寝静まったら深夜まで働いて、めちゃくちゃな生活を乗り越えたとのこと。この人はスーパーウーマンなのだろう。でも私は凡人だからいまの仕事を維持しながら働いていくなんて無理だ。

「結婚は頭で考えたらできない」「結婚は勢い」とも言われます。でも何十年も人生を共にし、しかも子供を育てるかもしれない人を勢いで考えられる気がしない。もしうまくいかなくて離婚するのは恥ずかしい。

じゃあずっと仕事中心の人生を生きるのか？　たしかに仕事は大好きだし天職だと思っているけど、24時間ずっと仕事のこと考えて賞をとったりする生き方を一生続けたいのだろうか？　一度ヒット作を出しても、何度も何度もヒット作を出し続けなければ競争に勝つことはできない。誰も支えてくれる人はいないから、自分で自分を支えなければいけない。専業主婦の奥さんにサポートしてもらえる男性クリエイターに、私は太刀打ちできるのだろうか？

もしかしたら自分は、仕事をし家庭を養う男としても不良品で、家事や育児を担う女としても不良品なのではないか？　ひとつだけたしかなのは、子供を産みたいならタイムリミットがあるということ。自分は女性として不良品であるからこそ、少しでも婚活市場で価値があると言われる20代のうちに結果を出す必要があること。仕事で確固たる地位を築き、パートナーを見つけて妊娠するということを、20代のたった数年でこなさなければならない。……それはまるで時限爆弾を突きつけられているようでした。

なぜ女性だけが若いうちに出産をするという責任を押し付けられているのか？　なぜ男性だけが結婚しても子供が生まれても、ライフスタイルを変えなくていいのか？　もし時間制限がなければ、どんな生き方をしたかったのか？　そんな発想はとうてい出てきませんでした。

誰か私を見つけてほしい

20代のわずか数年のうちに仕事で結果を出して、結婚して子供を産まなければいけない。なのに私には日常的な出会いの機会がなく、彼氏もできないまま、あっという間に数年が過ぎていきました。平日は残業続きでとても疲れていたので、友達と遊ぶ約束を入れることもなく、土日は寝て過ごすことが多かったです。

たまにある合コンは千載一遇のチャンス。そもそも合コンの開かれる時間は残業していてめったに参加できない上に、私のようなキャラは「バリキャリ女子」という女の子の亜種として見られているような気がしました。私が合コン会場に入ってくるときと、かわいい「普通の」女の子が入ってくるときで、男性のリアクションが違うのははっきりとわかりました。

「笛美ちゃんはお金がかかりそう」とよく言われることも気になりました。きっと私はお給料がいいから生活水準も高く、男性にとって養うのは難しいのだと心配されていたのだと思います。男性に自分を養ってほしいなんて、これっぽっちも思っていないのに、なぜか彼らは私を養う前提で話をしてくるのです。海外旅行、ブランド品、外食などのライフスタイルをひけらかして男性たちを引かせないよう、できるだけ堅実な女に見られるよう、そういう話を隠したり、わからないフリをすることもありました。LINEの連絡先だけは増えていくけど、本当のつながりと呼べるものはありませんでした。

何の予定もない土日に目が覚めると、激しい自己嫌悪に襲われるのでした。若さがなくなったら私には価値がないのに。たとえどんな仕事や内面を持っていたとしても、結婚していないだけで惨めな未来が待っているのに、何をしているんだろう？　生理のたびに自分が子供を産むチャンスが減ってくように感じました。

デパートのコスメ売り場に行ったとき、ＢＡのお姉さんがとても綺麗にメイクをしてくれました。

「すごーい、誘拐されそう！」

お姉さんに言われて鏡を見ると、まるで子鹿みたいな丸い瞳、ピンクのほっぺ、うるんだ唇の自分がいました。でもせっかくこんなにメイクをしても、本当の私は時限爆弾を抱えた、男がドン引きする高学歴バリキャリ女。誰も見向きもしてくれない。無人の部屋に飾られた満開のお花みたい。もったいない。自分がもったいない。

誰か私を見つけてほしい。この高学歴バリキャリの鎧《よろい》の下にいる「普通の女の子」の私に気づいてほしい。

私はひとりで生きていけるだけの収入があり、お金のために結婚をする必要はありませんでした。セルフイメージの向上のため、「行き遅れた女」と思われないために、結婚したかったのだと思います。成功したいというよりは、失敗したくなかった。

「笛美さんは私みたいにならないでね」

ずっと独身だった中学時代の恩師にもそう言われました。先生は人生を楽しんでいるように見えたので、その予想外の言葉はずっと自分の中に未消化のまま残っていました。受験して、就職して、結婚して、子供を産む。それが真っ当な人間の進む正解ルートだと、いつの間にか学習していたのだと思います。結婚しない「オールドミス」でいることは、自分の仕事での評判も落としてしまうのではないかと恐れていました。

結婚するのは誰でもいいわけではなく、そこそこの学歴と年収と見た目が必要だということも早いうちから気づいていました。でも社会的ステータスとか関係なく、純粋に誰かを愛したい気持ちもありました。

晩婚化や少子化がニュースで頻繁に嘆かれていました。「官製婚活」なども話題になっていました。他の政治のニュースは耳に入らないのに、結婚については自分の世代に関係があるので、グイグイ耳に入ってきました。国が婚活にお墨付きを与えている事実は、結婚相手を探すことへの抵抗感を和らげてくれました。結婚することも子供を産むことも、国への貢献であって、恥ずかしいことではないのだと。

そもそも私たちは子供の頃から、膨大な予算をかけた結婚マーケティングに、何年も晒《さら》されてきているようなものです。ラブソング、少女漫画、ディズニープリンセス、テレビドラマや映画も、結婚は幸せだとプロモーションしていました。広告でも結婚と出産は幸せな人生のシンボルのように描かれていますし、私も広告でそんな物語を描いてきました。そんな王道の人生を私も歩きたいし、お墨付きを与えられた幸せをかなえたかったのです。もしそうできなかったら？　私は惨めな女という崖の下に落とされるのでしょう。広告にもドラマにも出てこない日の当たらない独身中年女の世界。輝く男女の表舞台からこぼれ落ちた奈落の底は光の届かない地獄。絶対にそこへは落ちたくないと思っていました。

私は小さい頃から努力だけは得意でした。受験・部活・就活も努力をすれば、目標以上の結果を出して両親や先生の期待に応えてきました。そんな私なら結婚や出産も当然のようにできるはず。

結婚のためにできる最大限の努力をしよう。寄り道なんてしたくない。最短距離で結婚できる関係を作ろう。でも誰かに紹介を頼むのは、自力で結婚相手を見つけられないみたいで、恥ずかしい。友達にも「笛美ちゃんに釣り合う男を紹介できない」とよく言われている。それは自分の女としての価値が低い割に、男としての価値が高すぎるからだろう。だったらいっそプロに頼んだ方が速いのではないだろうか？

28歳の私は30万円を払って結婚相談所に入会しました。

結婚相談所

結婚相談所の最初のカウンセリングで、アドバイザーさんにこう言われました。

「女性は30代になったら成婚率がグッと下がるから、20代のうちに始めるのは賢い選択ですよ」「年収は実際より低めに書いた方がいいですよ」

翌週、ネットで予約した写真スタジオに婚活用のプロフィール写真を撮りにいきました。当時私はショートカットだったのですが、ロングにしておけばよかったと後悔しました。でもなぜだろう？　広告の写真を撮るときはあんなにワクワクするのに、婚活の写真撮影は楽しくないのです。撮影スタジオの男性カメラマンさんが言いました。

「20代で婚活なんて……本当にしなくちゃいけないんですかね？」

この人は何を言ってるんだろうと思いました。

「あなたは私のことを知らないからそう言えるんでしょ。私は泣く子も黙るバリキャリで、出会いがないいんだよ。早くしないと卵子が老化するんだよ。なにを悠長なことを言ってるの？」と心の中で叫んでいました。できあがった写真の自分はすごく優しそうで家庭的で、ちっとも好きじゃない自分でした。

20代という年齢に惹《ひ》かれて、会いたいと言ってくれる人は多かった気がします。1日に3、4人に会うこともあり、誰が誰だかわからなくなり、目が回るようでした。50代の男性に頼みこまれてお見合いをしたこともあります。でも私の若さに惹かれているだけで人間性に惹かれているわけでないことくらい20代の小娘にもわかってしまうんです。

驚いたことは基礎的な会話ができない人があまりにも多いこと。こちらが質問すれば答えてくれるけど、向こうから私への投げかけがなかったり、盛り上がらない会話を必死で盛り上げて場をつないで……。

彼らに必要なのは女性ではなくて、コミュニケーションの講師なのではないか？　というか結婚とか関係なく、日常的な女性との、というか人間との接触なのではないか？　なぜ結婚相談所に登録したのかと聞くと、私のように職場に出会いがなかったり、家族にプレッシャーをかけられて来ていた人も多くいました。なんだか気の毒になりつつも、結婚は彼らの課題を解決するツールとして正しいのかと、疑問を持ってしまいました。

なぜかわからないけど、結婚相談所にいる彼らからは、幸せの匂いがしないのです。私からもその匂いはしていなかったと思います。

男の人に口説いてもらうためには、彼らと対等のポジションにいてはだめで、むしろ自分が下だとアピールをしてあげなきゃいけない気がしました。まるで交尾の合図をするメスみたいに「ほら！　私はあなたより下のポジションにいるよ。今がチャンスだよ。早く私の上に乗ってごらん！」

そこまで合図してあげることで、彼らはやっと安心して私にマウントすることができ、安心して私を口説くことができるような気がしました。

激務の平日に続いて訪れる週末の朝。身体中が痛くて重い。

「子供がほしかったら早く動け。それが生物として理にかなっているんだ」

どこからともなく声が聞こえてきます。心はベッドの中にいたいのに、体は外に出ていかなければいけない。寂しい休日を埋めるように婚活に勤しんでいた私も、次第に疲弊していきました。「結婚は人生の墓場だ」という既婚者がいますが、私はまるで自分が入る墓場をさがして婚活市場をさまよい歩くゾンビみたいでした。

結婚相談所の入っているフロアには英会話スクールも入っていました。そこでは同年代の男女が楽しそうに談笑していました。身だしなみも整っていて、会話をすることもできる男性は職場にも世の中にもたくさんいるのに。

なぜ私はお金を払ってそうではない人と会っているのだろう？　なぜ一緒にいて楽しく

ない彼らをニコニコして、持ち上げなきゃいけないのだろう？　そして最終的には抱かれなきゃいけないのだろうか？　それに結婚相談所に通っていることが職場にバレたらきっと笑われてしまう。人並みに結婚して、人様に恥ずかしくない女になるためには、ここまで惨めな思いをしなきゃダメなの？

愛され記事と2ちゃんねる

世の中は「愛され」「モテ」「女子力」が全盛でした。ネットで彼氏ができないという悩みを検索すると、「愛される女子になるためには」「28歳の崖っぷちＯＬが結婚するには」「男性が引いている女性の行動」「すごい、さすが、知らなかった」「男は手のひらで転がして育てろ」「バリキャリでも男をキュンとさせる方法」などが目に入ってきました。

またその頃2ちゃんねるを見るようになりました。そこには、今まで見たことのない世界が広がっていました。

「ＪＳ最高」「合法ロリ」「非処女死ね」「28歳のＢＢＡをやり捨てにした」「30歳以上は産業廃棄物」

そうか、自分は30歳になったら、産業廃棄物になるんだ。いまチヤホヤしてもらえているのは、私が20代だからで、それを過ぎたら人生は終了するんだ。30歳を超えた他の女性たちは、産業廃棄物だから私より下なんだ。じゃあ30歳になるまでに死にたいと思いました。

2ちゃんねるの言うように10代前半の頃にセックスして子供を作っていればよかったのかな？　それはあまりにも過酷すぎないだろうか。でも10代はもう過ぎてしまったことだ。もし後悔したくなかったら、この子宮が機能している間に、私は女として成果を出さねばならない。男に私と結婚して子供を作るよう発破をかけて決心をさせるのだ。

男性には私以外にもたくさん選択肢があるように見えました。

私より若くてかわいくて学歴が低くて年収が低い女の子たちは、毎年次々にやってくるのです。男たちはその女の子たちを選びたい放題で、遊びたい放題。さらにはアイドルやアニメやゲームなど、もっと自分の思い通りになる架空の女の子たちもいるのに、わざわざ歳をとったスペックの高すぎる私を伴侶として選んでもらうのは並大抵のことではない。もっと努力をしなければいけないんだ。

女性向けメディアには、男性の都合のいい存在になる方法が書かれ、男性向けメディアには、女性を好き放題に扱っていいと書かれている。両方の言い分をまとめると、女性は自分を守る術《すべ》もなく男性にどんなに嫌なことをされてもニコニコして受け入れる生き方しかできなくなってしまいます。でもそのリスクに気づくことはなく、恋愛とはそういうものだと受け入れました。男性向けメディアのいう痛い女やＢＢＡを笑いながら、女性向けメディアのいう愛される女を目指しました。

専業主婦が妬ましい

20代後半にもなると仕事の面では、次第にこれまでの努力が実り始めました。競合プレゼンに勝ったり、賞をもらったり、少しずつ自分がしたい仕事に近づいているような気がしました。

でも仕事で大きな成果を上げて祝福された日も、私の胸の中はヒリヒリとしていました。

「どうしよう、こんなに成功したら、生意気な怖いモテない産業廃棄物になってしまう！」

受賞のお祝いに同期からもらったプレゼントは当時流行していた「婚活リップ」でした。

「仕事がうまく行ったら、次は彼氏だね」

婚活リップは薄いピンクで唇が程よく色づいて見え、男性から好ましく思われる効果があるのだそうです。私が「彼氏ほしい」と連呼していたので、別々の人から合計で2本も婚活リップをもらいました。

将来のことを考えると、結婚するにせよ独身でいるにせよ、お金は貯めておいた方がよさそうでした。人生無計画な私もさすがに心配になって、本格的に貯金をしようと思い立ちました。久しぶりに昼休みに郵便局に行き、定期貯金の手続きをしました。窓口で応対してくれたのは同じ20代くらいの女性でした。通帳を見せて「定期貯金にしてください」とお願いすると女性の表情がさっと曇りました。

「なんでこんなに貯金があるんですか？」

私は気まずさを取り繕うように言いました。

「それは、お給料の半分は使わないようにしてるんですよ～」

「私と同じ年齢なのに……なんで……」

彼女は席を外し、なぜか代わりに男性担当者が来て、保険商品の勧誘をはじめました。貯金の代わりに保険に入れば、利息がもっともらえるという話でしたが、まったく頭に入ってきませんでした。

同世代の女性が自分と同程度のお給料をもらえているとはさすがに思っていませんでしたが、それでも、私よりちょっと少ないくらいかなとは思っていました。まさかショックを受けられるほどの差があるとは。郵便局は安定した仕事だろうし、きっとお給料も安定してるはずなのに、本当はそうじゃないのかな？　それに男性から見たら彼女のような人の方が男性から愛されるのだろうと思いました。「女は男に貢がせてなんぼ」なんでしょ？　そういう生き方を選んだのは彼女自身なんでしょ？　自分でその道を選んだのだから、自己責任だよね。

残業が続いたある日のこと、寝不足で朦朧《もうろう》としながらコンビニに行くと、ベビーカーを押す同年代の女性がいました。ヒラヒラの服を着て、髪を巻いて、きちんとお化粧をして、彼女そっくりの素敵なお母さんと楽しそうにお買いものをして……。ああ、きっと私の会社の男性社員の専業主婦の奥さんもこんな感じなんだろうな。彼女たちは王子様に大切にされるお姫様で、自分は王子様に仕える奴隷のような気がしました。

「大丈夫だよ、需要が違うんだから」というルミネの広告が頭をよぎりました。

私はひとりぼっちで働いているのに。一生この戦いから降りられないのに。

私の妬みは男性社員の奥様にも向けられました。私が働いているあいだ、上司や同僚の奥様たちは、家でのんびりお昼寝してワイドショーでも見ているのかな？

奥様たちは立派で甲斐性のある旦那さんがいて、「幸せな女性」として世間的にも認められているのだろう。男性社員とその奥様は、家族を持ち子孫を残せる。でも私は残せない。彼氏すらできない。それは私という人間が、淘汰《とうた》されるべき劣った人間だからなんだ。いま振り返ると、まるで「インセル」と呼ばれる女性を憎悪する非モテ男性のような発想をしていました。完全におかしかったです。私も。私を取り巻く社会も。

私のような女性のことを「名誉男性」というのでしょうか。でもそこに名誉なんてなかった。あのときの私の心情には、「欠落」「欠陥品」「不良品」という言葉が、いちばん当てはまっていました。そんなに辛いなら、とっとと辞めろよと思われるかもしれませんが、自尊心が地に落ちた人間は、どこにも行けないのです。というか世界の中に職場しか居場所がないのです。私を育て、承認し、お金をくれる場所を、どうして捨てられるでしょうか。

私のメイン世界を構成する男性は、その世界の外にいる女性よりも、ずっとリアルでした。彼らの世界をおかしいと思うことは、自分の属する世界を否定するようなことでした。男社会の外にいる女性たちとの接点も、あまりにも少なすぎるのでした。

たまに接する「外の女性たち」の情報といえば、彼女の惚気話《のろけばなし》、OB訪問に来る女子大生、奥さんの愚痴、ヤった、ヤリたい女の話でした。いま思えば男性のフィルターを通した女性しか見えていなかったのです。

本当は女性が自分のしたい生き方を実現できない社会の方が問題なのに。私は男社会で別の役割を演じる女性に、恨みの矛先を向けていました。それが女性を分断して団結できないようにする男性社会の思うツボであることも知りませんでした。

第一彼氏——結婚には若すぎた

結婚相談所には、たしかに結婚の意志を持った男性がいる。でもどうしても心が惹かれない。もしかしたら結婚相談所にいる男性より、自分のコミュニティ内の男性に出会った方が近道なのではないか？

とうとう私は恥を忍んで職場の先輩たちに「彼氏を紹介してください」とお願いしました。そうして紹介してもらった同じ業界の男性が私の初めての彼氏になりました。

社会人になりたての年下の彼は私を溺愛してくれました。

そこには年上の女性への憧れが入り混じっていたのだと思います。正直、私はその人が好きかはわかりませんでしたが、先輩に紹介してもらった安心できる人だったし、好きじゃなくてもいつか情が生まれるだろうと思いました。

それに恋愛の本にはよく「彼を育てる」と書いてあります。自分のような価値の低い女には完成形の男なんて回ってこない。だったら自分で作るしかないのだと思いました。彼の愛が冷めやらぬうちに、つまり自分の立場が上のうちに「結婚しないなら付き合うのは無理」だと伝えて付き合うことにしました。

ずっとひとりぼっちな気がしていた私は、初めて自分が一緒にいてもいい男がいることにとても安心感を感じました。辛いときや心細いときに話を聞いてくれる人。一緒に東京の街を歩き回れる人。


20代前半の彼は私にふさわしい男になりたいと、どんどん激務になっていきました。彼は私に見合う男になるようにと、まわりから発破をかけられていたのかもしれません。そんな彼を見ていて、年上の私を超える必要などないのにと思いました。そもそも私は自分で働いているし、養ってほしいなんて思っていない。でも若い人が「成長したい」と言っているのにそれを止めることはおこがましい気もしました。

私たちは結婚の方向に向かって進んでいきました。彼の親にも紹介してもらい、ついに私の田舎への帰省にもついてきてくれたのです。

田舎に帰る道中、彼は連日の激務で疲れていて、ずっと眠っていました。バスの中で見せたかった海に沈む夕日も見ないまま。もっとバスの中でいろんなことを話したかったのにな。私たちは一緒になるはずなのに、なんだかひとりぼっちな気がして涙が出てきてしまうのでした。

両親は彼氏との対面にとてもうれしそうでした。受験や就職や仕事で成功したときより安堵《あんど》した弾けるような笑顔でした。

でも実家から帰るとすぐに、彼はますます忙しく激務になって会える機会も減っていきました。きっとこの人は忙しくて「寝てない」と自慢するような生き方がかっこいいと思っているのでしょう。私もそうなんですけどね。でも2人とも仕事で忙しかったら、家庭生活はどうなるのでしょう？　彼との未来を想像してみると、いつも仕事に追われて家にいない男と、家でひとりぼっちで子供を育てる女が見えた気がしました。実家が遠くにある私は、誰にも助けを頼めない。本当に子供を育てていけるんだろうか？　田舎者は都会で子供を持つべきではないのだろうか？　自分も仕事があるのに、なんなら彼より稼いでいるのに、彼の世話まで背負い込まなきゃ結婚という栄冠が手に入らないのだろうか。

もしかして彼のまわりには、残業もなく、寿退社を狙っている美人の派遣社員さんとかが大勢いるのではないか？　いつでも彼を支える準備ができている彼女たちの方が、私より彼にふさわしいのではないか？　どんどん疑心暗鬼になっていきました。なんだか自分が彼に結婚をせっついている厚かましい女な気がして、すごく嫌でした。

「たまには待つことも必要。それがいい女」

恋愛系の記事にはそう書いてあるけど、じゃあいつまで黙って待っていればいいのでしょうか？　婚期を逃してバカにされるのは結局私だけなのに。

すれ違いの日々が続いて、もうわかっていた言葉を彼が言いました。

「ごめん、もう笛美と結婚できない。ぜんぶ俺が悪い」

第二彼氏——結婚を切り出せない

次の彼氏は趣味のサークルで出会った人で、出会いの形としても理想的でした。激務な人よりほどほどに趣味や日常を楽しんでいる人の方が、将来的にも家庭を営んでいきやすいだろうと思いました。前の彼氏よりは年齢が近くて、結婚に向かって話が進んでいきやすいだろうと期待しました。

落ち着いた穏やかな性格で、料理が上手で細やかな気遣いができて、寒いときに手を温めてくれる優しい人でした。彼は女性にすごく人気のあるタイプではないけど、男性からも女性からも慕われていて、私は自分が「男を見る目がある」と思いました。

彼と自然の中に遊びに行く時間、家でテレビをぼーっと見る時間、仕事で積み上げた知識とかプライドもなくして、年上の彼に頼って私は空っぽでいられました。

どうすれば彼に結婚の話を持ちかけられるかわかりませんでした。

よく『ゼクシィ』を彼の部屋に置くという方法を聞きますが、それは自分のやりたいことじゃない気がしました。仕事ではいろんなクライアントに提案をしているのに、結婚について女から提案するのは浅ましいと思っていました。年齢的に結婚に迫られているのは女でも、あくまでも結婚を決断するのは男の方だと思っていた私は、ひたすら受け身でしかいられなかったのです。


実家の母は新聞で見たという情報を伝えてきました。

「手作りの料理というのは人に愛情を伝える一番の方法なんだよ。その人に自分の作った料理を食べてもらえるのは、一生で限られた回数しかないんだよ。だから彼にできるだけ手作りの料理を作ってあげなさい」

当時の私は、それは男から女への料理でもいいよね？　とは思えませんでした。

うまく結婚を切り出せない私は、ひたすら一緒の時間を過ごしたり、彼のために料理をしてみたり、そういう迫り方しか思いつきませんでした。私の若い今を一緒にいてほしい。そうすればもっとお互いのことを知ることができて、私と一緒の生活というのをイメージしてもらって、もっと結婚に近づけるのではないかと。でもそうして毎週のように彼の家に行くルーティーンも、次第にマンネリ化し、ＬＩＮＥの反応も薄くなっていくのがわかりました。

ある日、彼が私のＬＩＮＥを無視して友達と遊びに行った写真をＳＮＳにアップしていたのを見つけて、ついに爆発してしまいました。

「なんで私と会わずに友達と会っていたの？　誘ってくれればよかったのに」

「そういうの、重いんだよね」と言われました。

恋愛で最も言われたくない言葉です。

「自分の趣味とかないの？　笛美ちゃんと付き合ったらもっと仕事とかいろんな刺激がもらえると思っていたのに」

衝撃でした。

実は彼と付き合っている間、私は仕事でさらなる躍進を遂げ、喉から手が出るほどほしかった広告の賞をとったりと仕事的には絶好調だったのです。

でも彼の前では仕事の話をしたくなかった。ライバル視されたくなかった。平凡なかわいい女でいたかった。それに職場では上へ、婚活では下へというスタンスを取っていたので、男の前で偉そうに仕事の話などできないと思っていたのです。そして趣味って何？　趣味なんかする時間があったら、婚活に力を入れたいんですけど。

モテ記事でも「ひとりで時間を過ごせるのがいい女」と書いてあるけど、ずっとひとりで時間を過ごしていて結婚できるわけがない。

もしかしたら彼は私と人間としての付き合いを積み重ねたいと思ってくれていたのかもしれません。もう一度、新たに仕事モードの私を見せて付き合おうか？　いや、それは無理だ。

通い慣れた彼の家に別れ話をしに行きました。

「なにも別れることはない」と彼は言ったのですが、もう気持ちが切れてしまっていました。「卵子の老化」に直面する私に悠長に人間として付き合う時間なんてないのです。それに若い日々を捧げた彼に数年経って振られる女になるのは、まっぴらご免でした。

帰るとき、風に煽《あお》られてドアがバタンと激しい音を立てて閉まりました。

晩婚化は女性が社会進出したからだと言われます。でも本当に女性の社会進出だけが原因なんでしょうか？　私のまわりの働く女性は、婚活にも妊活にも熱心でした。結婚に男を追い詰めていく行為をすれば、「必死すぎ」と笑われてしまう。でも結婚に至らなければ「男を見る目がない」と言われる。結婚しないでいると「晩婚化や少子化の原因」と叩かれる。辛くて心を病んだら「メンヘラ」「地雷女」とバカにされる。どの道に進んでも叩かれる。

……行き場がない。

第三彼氏——結婚の意欲はあるけど

結婚相談所で出会った男性たちとも、リアルで出会った2人の彼氏とも結婚に進めず、私はもう30歳になろうとしていました。やはり結婚を男性に持ちかけるのは難しい。今すぐにでも結婚や子作りをしたい男性の方が話がうまく進んでいくのではないかと思い始めました。

そこで目をつけたのは農家のお見合いパーティでした。農家のお嫁さんになる人が足りないというニュースはよく聞くし、田舎でのお見合い番組も話題になっていました。農家は後継者不足だから、こちらから子作りを急かす必要もないだろう。

私は農家の孫だから、農作業だって抵抗はありませんでした。祖母は祖父とともに田舎で新鮮な野菜や果物を育てたり、干し野菜や漬物を作ったりして、それこそ女子力の塊のような生き方をしていると思いました。大好きな彼と汗を流して働いて青空の下でおにぎりを食べたい。子供をたくさん産んで地域の中で育てたい。

実はこう思った背景には、仕事での疲弊もありました。

どんなに成功しても、賞をとっても、私は仕事をしている自分を好きになれませんでした。成功するほどに男に引かれる怖い女になるだけ。広告なんて何の役にも立たない虚業。若くてかわいい後輩の女の子が毎年入ってきては、私のポジションを脅かそうとする。成功してる同期や後輩を見るたびに、心臓がバクバクして気持ちが休まらない。

1日の大半を会社のおじさんたちと過ごしていて、それでもおじさんには帰る家がある。私にはない。

もしも労働の場所が家庭だったら?

大好きな彼のために働けてそれが仕事になるならどんなにいいだろう。広告なんてチャラついた仕事よりも、国が推進している地方創生の流れに乗って、地方の活性化に役立つ人間になりたい。ずっとオフィスで座っているより汗を流して体を動かして働きたい。会社に勤めながら仕事をするより田舎でのんびり子育てした方が、人生としては豊かだし少子化対策にも貢献できるだろう。

都心から2時間ほど。田んぼの真ん中にある農協の施設で開催されるお見合いパーティに私は参加していました。

婚活産業は基本的に伝統的なジェンダー観をベースにしていますが、そのお見合いパーティはこれまで参加した中でもっとも昭和感がありました。

農協の偉い人や地元の名士たちの挨拶に始まり、そのあとは回転寿司のように男女がローテーションで数分ずつの会話をしていきます。カップル発表はみんなの前で盛大に行われるというプライバシーもへったくれもない展開です。参加者のほとんどが私よりずっと年上で中には50代の人もいました。私はその中でも若いりんご農家の男性とカップルになりました。他の参加者さんより会話が楽しく、笑顔がとてもかわいくて黒曜石のようなくりくりした瞳。むしろこの人しかいないと思いました。

彼が初めて私のマンションに来たときに言ったことが忘れられません。

「笛美ちゃん、この小さな部屋でひとりぼっちでいたの？　こんなにかわいい女の子がひとりでいたの？」

なぜ年齢も職業も育った環境も違うのに、私の言ってほしいことがわかるんだろう？

高学歴高収入という鎧に包まれた、悲しい寂しいひとりぼっちの女の子を見つけてくれる人がいた。毎日ＬＩＮＥで好きと言ってくれる。私も好きと言える。どんなに仕事が辛くても、彼といると明るい気持ちになれました。

数ある農作物の中でもりんごは大変な作物だと彼は言いました。でも彼のりんご農家は何代も続いていて苦労もしたけど今ではサラリーマン以上のお給料をもらえるくらい上手くいっているとのことでした。家業だけでなく、祖父母の介護や跡継ぎ作りまでが彼にかかっているそうです。

私が好きな人が私のことを好きで結婚したいと言ってくれている。なんという安心感だろう。夢みたいな話でした。どうしてこんな素敵で結婚にも前向きな男性が今まで独身でいたんだろうと不思議に思いました。

2人でよく未来の話をしました。私は結婚しても仕事を続けられて、同居もしなくてもよくて、駅近のマンションを買って住めばいいとのことでした。私は広告の仕事をしているから、農家の仕事が上手くいかなくても定期収入を得られること、彼のりんごのプロモーションなどで役に立ちたいと伝えていました。週末に農家の仕事を手伝わせてほしいと何度か提案したのですが、「笛美ちゃんはいいよ」と毎回断られていました。

彼はさっそく私を家族に紹介してくれました。レストランで彼のお父さんは「農家の嫁になる覚悟はあるのか」と聞いてきました。彼は「笛美ちゃんは仕事をしているから結婚しても仕事を続けるんだよ」と言ってくれました。「私もできる限りお手伝いさせてもらいます。広告でもお役に立てると思います」と言いました。

彼は子供を作ることにも積極的でした。

「笛美ちゃんはもうすぐ30歳。高齢出産になれば障害のある子が生まれるリスクが高くなってしまう。早めに子作りがんばろう。種付けするぞー!」

なぜ高齢出産についてこんなに詳しいのだろうと感心したのですが、今思えばお母さんから情報を得ていたのかもしれません。

でも子供については意見が割れたことがありました。私は子供を保育園に入れて働くことは、当たり前のことだと思っていました。でも彼は共働きでは「子供がかわいそうだ」というので耳を疑いました。子供時代、彼のお母さんは家の仕事である農業で忙しくしていて、寂しい思いをしていたそうです。

「私のうちも共働きだったから、私は生後まもなく保育園に行ってたけど、かわいそうだと思ったことはなかったよ。むしろ働いてるお母さんを自慢に思ってたよ。もし子供のために仕事を辞めることになったら、お母さんがかわいそうじゃないかな?」

同じ共働きのお母さんを持つ子供でも、考え方が違うなあと思いました。でもなぜお父さんが働いていることは問題にならず、お母さんだけが問題になるのか、当時は何も気にしていませんでした。

ある日のこと、彼は「マンションを買いに不動産屋に行こう」と言い始めました。でもずっと実家暮らしの彼は、不動産屋さんで物件を探したことすらなかったはずです。

「私は別に賃貸でもいいよ？　今日決めなくても相場を知るだけでいいじゃない」

「でも俺たちには時間がないんだ」と彼は言いました。

不動産屋さんもいきなりマンションを買いたいという彼に驚いた様子で「新婚で貯金もないならまずは賃貸でいい」と助け舟を出してくれました。私は店員さんに感謝しました。

「笛美ちゃんは俺と結婚したくないの？」

「結婚はしたいよ。でもいまある土地で綺麗に咲いてる花が、別の土地にいきなり植え替えられても枯れないように、ゆっくり準備をした方がいいと思ったんだ」

「そうだよね、お花が綺麗に咲けるようにしなきゃいけないよね。わかりやすく伝えてくれてありがとう」

彼はたまに「俺が専業主夫になろうかな」と言うことがありました。それは激務の私にとっては悪くない話でした。でも農業のための学校に行き、農業以外の職歴のない青年が仕事を辞めて、ずっと家にいる生活をしたらどうなるんだろう？　20代の男の子の未来を私が決めちゃっていいのだろうか？　それは彼の人生にとってプラスなのだろうか？

彼はよく「俺が笛美ちゃんを守るから」と言いました。私にはお金があるし自立してるし、なんなら人生経験も彼よりあるし、何から守るんだろう？　ラブソングにあるように、精神的な意味での「君を守る」なのかな？　いったい何から守ってくれるのか聞いてみると「消防団とか地域のお祭りに参加しなくてもいいようにするから」と彼は言うのです。その時の私は、彼が何を心配しているのか、まだわかっていませんでした。

農家の仕事を手伝うには自動車免許がいりました。当時の私は激務ゆえに免許の更新を忘れてしまい無免許でした。一念発起して彼のために自動車学校に通い直すことにしました。私は努力は得意なので、できる努力はしようと思いました。

私の母はというと、正直あまりうれしそうではありませんでした。農家の娘として生まれて、勤め人の父と結婚した母。私のキャリアウーマンとしての成功を期待してきた母には、大いに思うところがあったのでしょう。でも私はもう母の言うことを聞きたくない反発もありました。母は「すごく苦労するけど笛美がいいならいいよ」と言ってくれました。

りんごの収穫の時期になりました。

彼曰くこの年のりんごは豊作のため、朝から晩まで作業が続くそうです。彼は見るからに疲れていて、家に遊びに来てもぐったりと寝ているだけでした。私は自分も激務だったため、週末も寝ていることは構いませんでした。むしろあれこれ遊び回るより、じっくり2人で話し合える気がしていました。

そんなある日のこと、彼のご両親が「やっぱり農家に入ってくれる人がいい」と言い出したと彼からLINEが飛び込んできました。私はそう言われて初めて、自分が仕事を辞めて彼の家に入ることを真剣にシミュレーションしてみました。

まずお給料は現在の6割程度になる。私は自分の苗字をなくして彼の苗字になる。そして彼の家に就職し、彼の両親が上司になる。子供は姑さんが育ててくれるそうで私たちは農家の仕事に集中できるらしい。でも……もし離婚したらどうなるんだろう？ 再就職できるだろうか？

もしかしたら仕事を続ける方が、彼にとってもプラスになるのではないかと説得してみました。仕事があれば不作の年でも定期収入をもたらすことができるし、広告業界のノウハウでりんごのプロモーションもできる。それに万が一離婚することになったときに、私が路頭に迷わずに済むと言いました。

「離婚なんてするわけない。離婚のことを考えて結婚するのはおかしい」

と彼は言いました。

でも本当にそうだろうか？　今どき3組に1組の夫婦が離婚するのに？　心配しなくていいのは、彼の方が結婚や離婚で負うリスクが低いからでは……？　私は不安になってYahoo!知恵袋で「農家の嫁」で検索してみました。

それは禁断の検索ワードでした。農家のお嫁さんになった女性たちの想像を絶するような体験談を見てしまったんです。義両親に男の子を産めとプレッシャーをかけられて、農作業でこき使われてお金ももらえずに身ひとつで逃げ出した女性。義両親が子供を育ててくれたはいいけど、離婚するときになって取り上げられた女性。近所の男性たちからも性的な存在として見られ、肝心の夫は自分の味方をしてくれないという女性。これ、いつの時代の話？

もちろん農家にお嫁に行って幸せにしている人もいるようでした。だから家や夫の家族によってケースバイケースのはずです。だけどそのとき、同居していた彼の元カノが逃げ出したという話を思い出しました。もしかしたら彼の家は、お嫁さんが逃げ出すような家なのかもしれない。子供は育ててもらえると聞いたけど、離婚したら子供を取り上げられるかもしれない。もしかしたら農家の後継ぎとしてふさわしい男の子ではなく、女の子しか産めないかもしれない。そしたら何度も不妊治療しなきゃいけないんだろうか？　万が一子供が産めなかったら、私はどうなるんだろう？　もし男性に不妊の原因があっても私のせいにされるんだろうか？

なんだか牛みたい。子供を産んで乳を絞られて畑をたがやす雌牛。でも私は既に会社という組織の牛ではないのか？　会社の牛じゃなくて彼の牛になるだけだ。もう男に選ばれなかった惨めな牛とは言われない。最低でも誰かに愛された牛になれる。でも果たして愛してる人に自分の人生を捧げさせるのは愛といえるだろうか？　人から仕事や名前を絞り取ることは、愛といえるのだろうか？

私は決して送らないLINEを書いては消し書いては消ししていました。

「あなたのことは大好きだけど今すぐにあなたの家では働けません。いつ働けるかは、わかりません。本当はもっと話したいのに相談できないのがもどかしいです」

自分にできる仕事か確かめたいから、せめて1度でいいから仕事を手伝わせてほしいと伝えましたが、彼はやはり固く断るばかりでした。

収穫真っ盛りのシーズン、週に1度の休みもなく、しばらく会うことのできなかった彼からLINEが来ました。

「もう笛美ちゃんと結婚できない」

2日前まで好きだとLINEで言っていたのに、何があったの？　私は彼の家のそばまで会いに行きました。とにかく事情が知りたい。

彼と会えたのはすっかり暗くなった夜のことでした。

「ずっと無理してた。笛美ちゃんに釣り合う男になるように無理をしていた。農協の婚活パーティでは農家に入ってくれる嫁さんがほしかった。笛美ちゃんは条件にはハマらなかったけど、好きだったから結婚できるよう頑張っていた。だけどもう限界。笛美ちゃんを逃がしてあげたことに感謝した方がいい」

彼は吹っ切れたようにサッパリとして言いました。

「私と結婚すれば定期収入が得られるし、りんごのブランディングもできるよ。週末はりんごの仕事を助けられる。1度でいいから仕事を手伝わせてほしい」

でも何を言っても無駄でした。そういうことじゃないと。彼の向こうに、お父さんとお母さんの意志も見えた気がしました。大好きだった黒曜石の目は、今では完全に冷たく私を突き放していました。最寄り駅まで送ってくれた彼の背中は、街灯の少ない夜の闇に消えていきました。

電車に揺られながら、まるで深い闇の底に放り出された気分でした。遠ざかっていく夜の田舎の景色。もう2度と来ることはないのだろう。彼の温もりや笑顔や楽しかった日々が、どんどん離れていく。私はまたひとりになってしまう。もう産業廃棄物になる年齢なのに、またゼロから始めなければいけない。

愛で結ばれた男女だけが歩ける日の当たる大地。そこには大きな亀裂が口をあけていて、足を踏み外した私は真っ暗な奈落に落ちていくのだ。

今でもスーパーでりんごを見る度に思い出します。あのりんごの裏にどれだけの家族経営の農家さんの重労働があるんだろう。もしかしたら想像を絶するような男尊女卑が、そしてお嫁さんの涙があるのかもしれない。彼は農家の嫁が直面する現実をわかっていて、無理とは知りながらも私を守ろうとしてくれたのかもしれない。そして最後は私を放流した。放流してくれた。私は地方を、日本の農業を、見捨てたのだ。

できそこないの愛

農家の彼の仕事を手伝うために入り直した自動車学校は、彼と別れた翌週から授業が始まりました。仕事の合間にきちんと通い続け、試験には一発合格で念願の自動車免許を再取得しました。彼のために使うはずだった免許でレンタカーを借りて、海や山へひとりドライブに行きました。愛の力は信じられないけど、努力は私を裏切らず常に側にいてくれました。

ドライブしながらラジオをかけると、石川さゆりから西野カナまで、男のために人生を捧げる女心の歌が繰り返し流れます。大好きな彼に捨てられないように、彼に愛されるように、いじらしい努力をする女の子の歌。そんな女の子の持つ愛の力を私も持っていると思っていた。思いたかった。なのにその愛をもってしても私は結婚ができなかった。愛する人のために、牛になってあげられなかった。「愛はないけど金はある浅ましい女」……そう笑いにしなければ、愛する人のためにすべてを捨てられない自分を受け止められませんでした。

みんなが当たり前のようにかかっている「愛の魔法」に、どうして私はかからないのだろう？　結婚式で白いドレスで清らかな愛を誓う花嫁が、鼻からスイカを出すほど痛い思いをして赤ちゃんを産んで、散らかった部屋の中で「うんこ」「ちんちん」を連呼する子供たちとワンオペで付き合い続けるあの魔法。きれいで華やかな女の子たちを、サザエさんや野原みさえやちびまる子ちゃんのお母さんのように変身させるあの魔法。そのルートを通っていれば、内実はどうであれ世の中からは幸せで順調ということにしてもらえたのに。愛を選ぶという選択をするには、私はあまりにも重い荷物を、学歴もキャリアもお金も持ちすぎている気がしました。その罰として、私は愛を選べないのだろうか？　自分のお金や努力やキャリアが憎らしくて恥ずかしい。この力をもぎ取ってしまいたい。

では、自分より学歴や収入が低い「男性に選んでもらいやすそうな女性」はどんな人生を送っているんだろう？　そういう生き方が根っから向いている女性もいるだろう。それに今の日本では、裕福な男性と結婚して専業主婦になることが、安心して子育てをする最適解に見える。でも万が一そういう男性に選んでもらえなければ、どうなるのだろう？もし結婚した男性がＤＶやモラハラをする人だったり、万が一亡くなったりしたら、とても大きなリスクを背負い込まなきゃいけないんじゃないの？

女は弱々しくかわいくあれと言われる。愛する男に人生を預ける壮大なギャンブルに賭けろと言われる。そのあとは堅実な良妻賢母になり、途方もなく過酷な育児という長期プロジェクトを主導せよと言われる。なんだろう……キャラ変が激しすぎないだろうか？

男の愛って、愛する女の面倒を見る代わりに、学歴やキャリアを取り上げて、自分の力で生きていけなくさせることなの？　「お前を守る」って男はよく言うけど、女の人からすべてをはぎとっておいて何から守るの？　そして親の愛って、男のためにいつでもグチャグチャに粉砕される前提の学歴とキャリアを持たせることなの？　じゃあ何のために娘の教育費にお金をかけるの？　すごい非効率で残酷なシステムじゃない？

でも、もはや私はその愛を得るためのシステムを大きく脱線してしまい、軌道修正すらできなくなってしまった。私は世間的にはそういう女性たちよりも圧倒的に惨めな独身バリキャリ女。だからそのシステムについての疑問は、たとえ思っても口にしてはいけないんだ……。

第三の彼氏と別れしばらくして、地元の友達の結婚式に行きました。会場は古くから地元で親しまれている海の近くのホテル。久しぶりに会った地元の友達は、もうみんな結婚してしまって、未婚なのは私だけ。

お姫様のようなドレスに身を包んだ彼女と、やさしそうな彼、そしてお互いのご両親。みんなこの地元に住んでいる。地元で働き地元の男性と結婚すれば、子供が生まれても自分の親や相手の親に助けてもらえる。仕事も問題なく続けられるだろう。私の母もそうやって私を育ててくれた。でも私はどう転んでも、その人生を選ぶことができなかった。東京の女性は全国で最も子供を産まないと聞く。田舎を出た時点で、子供を産まないという運命は決まっていたのだろうか？

ブーケトスのセレモニーになりました。女性の方は前に集まってくださいと言われ、会場の前の方に集まりました。もうみんな結婚している中で、本来ならば未婚の私は張り切ってブーケを取りにいき、どこぞの人とも知れない招待客に結婚願望を丸出しにしながらパーティを盛り上げるべき役回りなはずです。

ブーケが宙に投げられました。でもなぜか体が動きません。誰にもキャッチしてもらえなかったブーケは床に落ちてしまいました。既婚の同級生がブーケを床から拾ってくれました。空気が読めなくて本当にごめんと心の中で謝りました。

二次会で、新郎の男友達グループと居酒屋に飲みに行きました。ひとりの男性が唯一の独身女性の私を「かわいい」とチヤホヤしてくれていたのですが、私はあまり乗り気ではなく、今後会うことはないであろう相手と連絡先を交換しようとはしませんでした。

新婦が話題を変えようと聞いてくれました。

「このワンピースかわいいね。どこで買ったの？」

「ヨーロッパで買ったんだよ」

そう言うと、チヤホヤしていた彼は掌を返したように言いました。

「なにがヨーロッパだよ。高飛車ぶりやがって。金なんか持っていても、お前はもう30だぞ。知ってるか？　30はもう羊水が腐ってるんだぞ。そんなババア誰が相手にするかよ」

気がついたら、涙がポロポロ溢れていました。20代から一生懸命働いて故郷に錦を飾ろうと思ってきた。子供を産めなくなるのが怖かったから、お金も出してがんばって婚活もした。でもそんな私に地元の男子から浴びせられる評価が「羊水が腐ってる」か。もし私が男だったら、異性にこんなことを言われただろうか？

東京でひとりの人間が発した言葉が、こんな日本の端っこの人にまで浸透して、回り回って私の心にぶっ刺さる。広告で学んだ「言葉のチカラ」の暗黒面を、日本の片隅でまざまざと見せつけられたのでした。

これも自己責任？

職場では私は「婚活キャラ」として通していたので、婚活の進捗もネタになる範囲で話していました。第三の彼と別れてしばらくたった日、私は当時一緒に仕事をしていたO先輩にふと思ったことを言葉にしてみました。

「私はチームのために遅くまで残業してますよね。それで男からはドン引きされるし、婚活の時間もないわけですよね……。O先輩は奥さんがいるからいいけど、私はずっと独身で……誰も料理をしてくれないし、家事もしなきゃいけないですよね……。私が結婚できないのって……、会社にも……原因ありませんかね？」

「でも笛美が結婚するかどうかは自分の責任じゃん。会社には関係ないよね。それに結婚して子供もいる女性社員もいるじゃん」

O先輩に悪気はなく、至極真っ当なことを言っていたと思います。たしかに仕事をしてるのは私の判断だし、残業してるのも私の判断だった。会社の人たちは寝るとき以外を一緒に過ごしてクリエイティブのことや人生のことを語り合う家族みたいな密接な存在。でも、もし私がずっと仕事に人生を捧げても、彼らと家族になんてなれないんだ。「結婚できない女」というイメージは私だけが自己責任で被《かぶ》ることになるのだ。もしもっと要領がよかったら、学生時代から付き合ってた彼氏がいたら、絶世の美女だったら、結婚できていたかもしれない。でもそんなの努力でどうにかなることなの？

これって本当に自己責任ですか？

高橋まつりさん

30歳になろうとする頃、少しずつ世の中の空気が変わりはじめました。

２０１６年、当時電通の新入社員だった高橋まつりさんが前年のクリスマスの朝に自殺したことが大きく話題になりました。会社でそのニュースを同僚が話しているのを聞いたとき、まるで冬のコンクリートの冷たさを肌で感じたような気がしました。

気になってスマホでまつりさんのTwitterアカウントを検索してみると、アカウントは削除されずにちゃんと残っていました。誰にも見られないように気をつけながらスマホで彼女のタイムラインを見ました。

「部長（…）「髪ボサボサ、目が充血したまま出勤するな」「今の業務量で辛いのはキャパがなさすぎる」

わたし「充血もダメなの？」

この人は、私なのだろうか？「充血した目で会社にくるな」は私が新入社員のときに先輩から指摘されたこと、そのまんまじゃないか。

「1日20時間とか会社にいるともはや何のために生きてるのか分からなくなって笑けてくるな」

うんうん、わかるよ。1日20時間会社にいると、意識が朦朧として、まともな思考ができなくなるんだよね。みんな平気なのかと思ってたけど、辛いのは私だけじゃなかったんだ。

「男性上司から女子力がないだのなんだのと言われるの、笑いを取るためのいじりだとしても我慢の限界である。おじさんが禿げても男子力がないと言われないのずるいよね。鬱だ〜」

ほんとそれ！　ていうか、こんなかわいい人にまで女子力いじりする上司がいるんだね。腹立つな。

「私の仕事や名前には価値がないのに、若い女の子だから手伝ってもらえた仕事。聞いてもらえた悩み。許してもらえたミス」

なんだろうね、大学まではクラスのリーダー的存在でも、社会人になってからいきなり「若い女の子」扱いされるあの感じ。ありがたいんだけど複雑だよね。人はいつか老いるし。

「優しかったり面白かったり超仕事できたり後輩や同僚思いだったりする先輩や同期も、たまにプライベートが垣間見えることがあって、仕事が終われば女の子を弄んだり泣かしたりしているいわゆるところの『広告マン』なんだなぁと思うと切ない気持ちになる」

うんうん！　自分にはやさしい上司が、他の女子を粗末に扱っているのを見ると空恐ろしくなるよね。男性の先輩のモテっぷりに比べて女性の自分は……と愕然《がくぜん》とすることもあったよ。

「異性とまともに愛を育む時間がなく子孫を残せる可能性がないのでは？と危機感を覚えてるのに、しっかり生理痛にだけは悩まされてるのかわいそうじゃないですか？」

ああ、怖いくらいわかりすぎる。自分は子孫を残せないかもしれない絶望感。でも体は子孫を残すために機能し続ける虚《むな》しさ。

まつりさん、辛かったね。寂しかったね。殺伐としたオフィスの片隅で、押しつぶされそうになりながら頑張っていたんだね。

彼女は私と同じような景色を見て、私と同じような痛みを感じていた。しかも、私がこれまで自覚しないようにしてきた感情の一つ一つを言語化していた。その存在に気づいたときには、彼女はもうこの世にはいなかったけれど。

広告業界の女性たちは、多かれ少なかれ、きっとまつりさんと同じような経験をしているはずです。ちょっとでも条件が違ったら、私だってまつりさんと同じ行動をとっていたかもしれません。ただ、私は運よく自分が好きな仕事ができていたから、長時間の残業や理不尽にも耐えることができました。そして私には運よく自分のことを気にかけてくれる密な人間関係がありました。でもどんな部署に配属されるかなんて、努力ではどうにもならない。もはや運でしかない。それは会社の中で何の権力も持たない新入社員がどうにかできる問題ではないと思うのです。

もしも私がまつりさんと同じ部署にいる先輩だったら、悩みを聞いてあげられたのに。いや、でも無理だったに違いない。きっとその場にいたら、忙しくて殺伐とした空気に飲み込まれてしまって、誰かを気遣うとかそんな余裕もなかったかもしれません。かわいい新入社員に女の子ポジションを脅かされるのではないかと、ライバル心を燃やしていた可能性もあります。

ニュースでは残業時間月100時間という労働環境の悪さばかりが注目されたけど、私はどこかピントがずれているような気がしました。実際、広告業界では月100時間残業している人なんてざらにいました。まつりさんを苦しめたのは長時間労働に加えて、女性だからこその終わりのない苦しみだったんじゃないか？　そんな思いが頭を離れませんでした。女性として日常的に上司にバカにされ、男性より圧倒的に下の存在であることを自覚しながら、そこに長時間労働が組み合わさったときに、人はどれだけ自尊心を削られるだろう。男性社員なら長時間労働の先にも輝かしい栄光が見えるのではないか。六本木のクラブや銀座コリドー街に行けば、きれいな女の子たちにチヤホヤしてもらえるだろうし、美人の奥さんと結婚できて家事も育児もしてもらえるだろう。でも私たち女性社員は、はたして彼らと同じように働いたところで報われるのだろうか？　子孫も残せないのに生理痛に耐えて残業する日々を何十年も繰り返すのだろうか。

まつりさんの一件から広告業界の労働環境は大きく改善され、どの会社でも夜10時以降の残業はオフィシャルではNGになりました。あれだけ変わらないと思っていた「残業してなんぼ」という慣習も建前としてはなくなったのです。それは奇跡のようなことに思えました。資料をスピーディに作成したり、会議を効率的に進める方法が導入されたり、クライアント対応を調整したりする部署もありました。完全ではないにしろ、やればできたんだと思いました。

広告業界には「クリエイター・オブ・ザ・イヤー」などの賞があり、広告業界に顕著な変化をもたらした人は毎年表彰されます。たいていは有名クリエイターがノミネートされるのですが、近年で業界を本当に動かしたのは、紛れもなく高橋まつりさんだったと思います。

「まつりさんは敏感な子だったのでは？」「ゆとりは打たれ弱いから」「プライドの高い東大女子が社会に出て鼻をへし折られたのだろう」「仕事ではなくプライベートに問題があったのでは？」「まつりさんのせいで残業すらできなくなった」

そんな社員の声もちらほら聞かれました。

きっと表面上でも話を合わせた方がいいのでしょうが、私は内心モヤモヤしていました。でも実際に同じような経験をした自分たちが生き残って、まつりさんが亡くなってしまったことを考えると、「近頃の若者はがまん強さが足りないから」という結論に到達するのが理解できてしまう自分もいました。もし自分の娘さんが将来同じ目にあったら、彼らはそんなことを言えるんだろうか？　でも彼らは「娘には広告の仕事はさせない」と言うのです。大切な娘にさせたくないヤバい仕事をしている女が、あなたのすぐ目の前にいるんですけど。

まつりさんの件が話題になった頃に、働く女性のストレスを癒すことをコンセプトにした化粧品のコンペがありました。
クライアントのオリエンは「話題性を出したい」ということだったので、いまちょうど話題になっているあのことを出さないわけにはいかないだろう、むしろそれを避けて「前髪を切りすぎちゃった」みたいなゆるふわなストレスを描いたら、嘘になってしまうだろうと思いました。

CM企画「女性のストレス」篇
〈働く女性に様々な言葉がぶつけられ、肌がダメージを受ける様子を描きます〉
「疲れた顔をするな」「女子力がない」「女の子は偉い人の隣に行ってお酌して」「女の賞味期限は25歳まで」
NA：現代女性の肌はかつてないほどの大きなストレスにさらされています。
○○○美容液は△△成分配合で、肌ストレスを軽減。
使うたび、健やかな肌へ。
〈夜に自宅で女性が商品を使ってほっとしたような顔〉
NA：いまを生きる女性とともに。
○○○美容液。

社内での企画打ち合わせのとき「このクライアントでは実現が難しいと思いますが、こんな方向性もあるかもしれません」と前置きしつつ、この企画をプレゼンしました。

私以外は男性メンバーだらけの会議室は凍りついてしまいました。

男の人は女の怒りの表現に慣れていないのかもしれない、そう思いました。

クリエイティブ・ディレクターは言いました。

「広告業界は、最近あんな事件が起きたばかりだしねえ。こういう強い表現だと、クライアントもショックを受けてしまうかもしれないね。笛美の気持ちは伝わるんだけど、もっと他にも癒しを描けてる企画があるから、今回はそっちを出そう」

この企画が選ばれるはずないことなんて、出す前からわかっていました。

近くて遠い #MeToo

2017年に起きた#MeTooのムーブメントを、私は遠い世界のできごとのように眺めていました。ジャーナリストの伊藤詩織さんが元TBS記者の山口敬之氏にホテルに連れ込まれて性行為を強要されたというニュースを聞いて、新入社員のときに先輩にホテルに連れ込まれかけたことを少しだけ思い出しました。でも当時はちょっと気になるニュースだなとしか思わず、そのまま流していました。その後、#MeTooの声は、広告業界の男性に向けても上がり始めました。著名なブロガーのはあちゅうさんは、元電通のクリエイティブ・ディレクター岸勇希氏からのセクハラ・パワハラに対して声を上げました。グラビア女優の石川優実さんは、電通の名を騙《かた》って枕営業をさせた男性を告発し、芸能界にはびこる枕営業文化を明らかにしました。芸能界の枕営業の噂は、やはり本当だったのだと思いました。

仕事の合間にニュースアプリでそれらの記事を読みながら、男性たちのした行為自体にはまったく驚きませんでした。正直、本当によくある話だなと思いました。なぜセクハラをする男性というのは、判で押したように同じ言動をとってしまうのだろう？　普段は素晴らしいクリエイターとして評価されている人たちも、セクハラするときはちっともクリエイティブじゃなくなる。

でもなぜ彼らの行いが悪いことなのか、なぜ世の中が騒いでいるのか、自分の言葉でちゃんと説明できませんでした。他の人はバレないように上手くやっているのに、そこら辺を誤って下手にやったから悪いのだろうと思っていました。

私の辞書に「人権」という言葉はあっても、そのページにたどり着くことはできませんでした。セクハラは人権を侵害していて、人間としての尊厳を奪っている。

どんなに競争の激しい業界だからといって、どんなに地位のある業界人だからといって、女性の人権を侵害していいわけではない。偉いクリエイターさんも被害にあった女性も、本当は人間として平等なのだ。そんな当たり前のこともわかりませんでした。彼女たちが訴えてくれていることが、どれだけ自分の人生に直結しているかも気づいていませんでした。

私はむしろ訴え出た女性に対して驚いていました。なぜ他の人も同じ目にあっているのに、ひとりだけこんなに騒いでるのかな？　なぜそこまでして訴え出たの？　社会人生命が終わるのが怖くないのだろうか？　彼女たちはきっとメンタルが強い特別な人で、自分とは違うんだろうと結論づけるしかありませんでした。

会社の男性たちは「怖い時代になったものだ」「うかうか女子社員と会話もできない」「なんでもセクハラになってしまう」などと古典的なリアクションをしていて、私もそうだなと思っていました。

でもこんなに世の中で騒ぎになっているのを見ると、やはりうちの業界はおかしかったのかもしれないと思う反面、「異常な環境でサバイブできてる私って特別だ」と自分に酔ったりもしました。

#MeTooをした女性に対して「自分だって女を使って散々トクをしたんだろ」という批

判をよく見かけました。その言葉がなぜか私の心にチクリと刺さりました。

私も「女を使った」と男性陣に言われたことがあります。「女を使う」とはどういうことでしょうか？　女として求められる化粧や服装や笑顔や愛想を発動することが「女を使う」になるならば、私は女を使ったことになると思います。自分が「女を使った」から、相手が「女」に反応してセクハラや性加害に及んだのだとしたら、もしかしたら責任の半分は自分にもあるのではないかと思っていました。

じゃあ、なぜ私は女を使わなければいけなかったのでしょうか？　刻々と迫っている、と思わされている女性の人生のタイムリミット。わずか数年で確固たるキャリアを身につけなければならない焦り。早く結果を出すためには、権力のある人と仲よくしたい、無理なことも我慢しようと思うのは、そんなに不自然なことでしょうか？

たとえ「何かおかしいな？」と思っても相手から逃げ出せたでしょうか？

生きていてごめんなさい病

#MeTooを脇目に、仕事に青春を捧げ、婚活戦争にも連敗した私は、ついに産業廃棄物と言われる年齢になりました。

「もっと年上の女性に失礼だ」と言われても、ゴミの耳には届きませんでした。ひとり、またひとりと、才能のあった女性が結婚や出産、体を壊したりして一線を退いて行きました。女のライバルなんて必要ない。紅一点でいたいと思っていたのに、残される寂しさが募って行きました。人は他者がいることで初めて磨かれるんだと、やっと気がつきました。

そしてなぜか仕事にも前のような情熱を感じなくなってきました。広告業界ではたとえ今年賞をとっても来年も再来年もとらなければいけないのです。でも賞がとれるような立派な仕事を取りに行くためのエネルギーも自分の中から湧いてこないのです。

結婚も出産もできなかったのは、きっと「仕事が恋人だから」という理由もあったと思います。でも自分のアイデンティティであった仕事でさえしんどいというのは、一体なぜだろうか？　スタークリエイターを目指し、それが人生の成功だと信じて疑わなかったのに、急速にやる気をなくしつつある自分を受け入れることができませんでした。

地下鉄を待つ間、エレベーターに乗っている間、食堂に並んでいる間、よく頭に浮かんでくる声がありました。

「生きていてごめんなさい」

誰かに謝りたかった。誰にかはわからないけど。

自分を下げれば下げるほど、世間様に許してもらえる気がしました。田舎から進学のために出てきて、広告代理店に入社して必死で働いてきたことも、自分でお金を稼いで生活していることも、人生のすべてが間違っていた気がしました。この都会で普通に働いて結婚して子供が持てるのはかなりのステータスで、私は身の丈に合わない夢を抱いたからこんなに痛い目にあっているのかもしれない。もしかしたら進学のために上京したりせず、地元で結婚してママになった方がよかったのかもしれない。広告代理店になんか就職せず、もっとゆるく働いて家庭に入っていればよかったのかもしれない。でもそんな選択をどうすればできたというのだろう?

もし生きる価値がある女になりたいんだったら、1年以内に結婚して妊活して、子供を産んで保活して、そしてまた賞をとらないといけない。きっと本気出せばできるだろう。でもその努力を想像すると全身が苦しくなる。1年以内に結婚するために、今すぐ男を好きになれるほど私は器用じゃない。好きにならなくても結婚だけすればいいのかもしれないけど、そこまでして結婚するメリットって何? もし婚活や妊活に失敗してしまったら、何十年も惨めに老いていく姿を、勝ち組の社員のみなさんたちに晒し続けなければいけないの?

「生きていてごめんなさい」の嵐が脳内に吹き荒れているのに、相変わらず精一杯のお洒落をしてメイクをしてヒールを履いて涼しい顔で会社に行きました。

先輩たちに笑顔を振りまいて、企画をたくさん考えて、企画書を出力してクリップでとめて、せっせとクライアントに行ってプレゼンして夜遅くまで残業して帰りました。

企画を出すときだけはフローに入って「生きていてごめんなさい」は忘れられました。

でもフローが途切れるとまた「生きていてごめんなさい」が始まります。

やっぱり女は30過ぎたら、生きてる価値なんてないんだ。

結婚も出産もできない女は30で寿命が来て死ねたらいいのに。

でも健康診断の結果は忌々しいほど立派で、何の問題も見つからないのでした。

そんなどん詰まりの時期に、とある機会をいただいて、しばらくヨーロッパのF国の会社にインターンに行くことになりました。本当はインターンに行くことで婚期を逃すのが怖かったのですが、世界の進んだクリエイティブに学ぶため、そして人生の小休止のため、行くことを決心しました。

おじさん社会の真実

粉雪の街

飛行機の中でもなお「生きていてごめんなさい」は止まりませんでした。F国の凍てつく広大な大地が窓から見えたとき、そのあまりの険しさに圧倒され「生きていてごめんなさい」は影を潜めていきました。

私はもう30オーバー。とっくに産業廃棄物になってしまいました。結婚や子作りなど、山積みのタスクを残して異国に行くのは本当に正しかったのか？学生時代に海外を放浪していたとき、仕事を辞めて海外に長期滞在する日本人女性に何人も出会いました。日本に安定した仕事があって、職場には出会いもあるだろうに、彼女たちはなぜここにいるんだろう？　就職できるか不安な学生の私は、彼女たちが海外に何を求めて来ているのかわからなかったのです。でも今の私は当時の自分が疑問に思った彼女たちと、まったく同じ行動をしていました。

空港から街に行くシャトルバスの窓から見えた景色は、まるでおとぎ話のようでした。一面の銀世界に、きれいに結晶化した粉雪が舞っていて、その中にかわいらしい三角屋根の家々が点在しています。不思議とここに来たことは完全に正しかった気がしました。

そこは日本よりはるかに男女平等に近いと言われる国でした。

まず驚いたのは、長距離バスの運転手が女性だったこと。よく見ると、トラックなど大型車両の運転手にも女性が多く見られました。料金を払ってバスを降りるとき、営業スマイルはしないけれど、気まぐれに心からのスマイルをする人たちでした。

夕方のスーパーには女性だけでなく、子連れのお父さんたちが溢れかえっていました。なんでお父さんたちがこの時間にスーパーにいられるの？　もしかして残業しなくていいの？　スーパーの店員さんも営業スマイルはせず、椅子に座ったまま適当にレジ打ちをしていました。道を歩いていても、ぶつかってくるおじさんはいません。ただでさえ人が少ないのもありますが、彼らは微笑しながら笑顔で道を譲ってくれるのです。

この街では人々が全体的にリラックスしているように感じました。

露出が多い女性がいても、誰もジロジロ見ていない不思議な世界でした。若い子からおばあちゃんまで、日本ならガン見されるであろうピチピチのジョガーパンツを履いた女性たちが、平気な顔で歩いているのです。なぜそんな格好ができるんだろう？　自分のお尻のラインを見られるのが恥ずかしくないのかな？　ショッピングモールの中では、冬だというのにヘソ出し、肩出しの女の子たちもいました。でも誰もガン見したり、口笛を吹いたりしません。日本なら大人の欲望にむき出しにされ鑑賞され品定めされている女の子が、社会から守られているように感じました。

新しい働き方

私が数ヶ月間お世話になる会社に到着しました。

新しいコミュニティで浮きがちな私ですが、その心配はありませんでした。会社には年齢、国籍、人種、セクシャリティ、様々なバックグラウンドの人がいて、私のおかしな話し方も些細な違いのように見えました。

日本だと非モテ自虐は親しくなるための鉄板ネタでしたが、誰も私にそんなコミュニケーションを求めてきません。結婚や恋愛のステータスを聞いてくることもありません。それでもちゃんと人間関係は成立するのです。私と他人の間には見えない壁があって、その壁は私のやわらかい傷つきやすい部分を守ってくれる気がしました。

驚いたのが、平社員は夕方になると「子供とサッカーをする約束があるから」と何食わぬ顔で言って帰っていくことです。

え？　子供とサッカーって、仕事より優先するべき予定なの？

どうやら彼らは家族のなかで果たすべき責任があり、それが当然だと思っているのです。残業をするのはマネジメントだけという有様で、それでも夜10時まで働いていることは稀でした。

独身者は独身者で、プレゼンの前日でも仕事を5時に終わってＢＢＱに行ったりと日本ではありえないリラックスした日々を過ごしていました。日本にいたときは土日しか遊びに行ってなかったのに、この人たちは平日も遊べるし婚活できるんだ……。でも「婚活」という概念はおそらくこの国には存在しないのでしょう。私も残業するのがバカらしくなって夕方5時には仕事を終えて帰るようになりました。

毎回の打ち合わせが30分以下と短く、ひとりで何時間もかけて練り直した企画書を持っていくなんてことも必要ありません。上司への事前の根回しも必要ありません。会社の上司にも同僚にもよくこう言われました。

「企画出しは競争じゃない。自分ひとりが完璧でなくてもいいし、プレッシャーを感じなくていい。もし自分がいい企画が出せなくても、他の人が出してくれればいいんだから」

打ち合わせの出席者も3、4人だけ。10人もいる企画会議なんてめったにお目にかかりません。サクサクとやることが決まっていきます。絶対に会議室にいなきゃいけないルールもなく、自宅や外国の人ともネットで遠隔会議をしていました。

「いやいや、そんなんじゃ仕事できないでしょ」と思うのですが、日本と同じように、いやそれ以上にクオリティの高いプロジェクトが仕上がっていくのです。

競合プレゼンに負けても、「私の力が及ばず申し訳ありません」などといった自罰的な態度をとる人は誰もいません。ただその結果を淡々と受け止めるだけです。日常的に「よくやったね！」「素晴らしい」など仲間を褒め合い励まし合っているのです。昭和のしごきの名残を経験した身としては、これでどうやって成長できるのか半信半疑でした。

クライアント、代理店、制作会社、それぞれの関係がとてもフラット。必要以上にペコペコもしないし、へり下ることもありません。国民性もあるのでしょうか？　F国は世界的に見てもヒエラルキーが弱く、日本はヒエラルキーが強い社会だそうです。日本でもベンチャー企業の採用広告などでは「ヒエラルキーのない会社です」とよく書いてあるのですが、それとは比べ物にならないくらいペタンコの組織でした。ヒエラルキーがない方がいいと言っているわけではありません。権力勾配がある方が、物事がスムーズに決まることもあります。でもヒエラルキーがない国でも仕事はそれなりに進んでいくのです。

F国の仕事は軽く、日本の仕事は重い。

F国では無理して完成度を上げるより、軽やかに効率よく、その瞬間にそのメンバーにできることを全力でやって満足しているように見える。日本では同じものごとでも、より緻密に完璧に、時間もリソースも割いて、人生をかけて徹底的にやろうとしてる。日本人は生産性が低いと言われるけど、その理由がわかったような気がしました。私たちはもしかしたら本当は手を抜いてもいい場面でも、命かけて全力投球しすぎなんだ。そしてクライアントもその全力投球を求めすぎているのかもしれない。F国人たちが日本で働いたら厳しすぎて悶《もだ》え死ぬんじゃないだろうか？　日本の会社とF国の会社、国も事業規模も違うし正確な比較はできないけれど、苦痛に耐えて長く働くというスタイルが世界のすべてではないと体感することができました。たとえ仕事が好きであっても、歯を食いしばりながら長く働くことだけがベストな働き方ではないのかもしれません。

人間らしい暮らし

日本もF国も先進国には違いないのですが、この国の家にはセントラルヒーティングがあり、全自動皿洗い機があります。家の中で寒い思いをしなくていいし、自分で皿を洗わなくていいというのは、人間として尊重されているような、快適この上ない経験でした。

たまに職場の男性が自分でタッパー弁当を作ってきていました。手のこんだキャラ弁というものは存在せず、パスタやポテトやサンドイッチだけなど、すごく簡素なおかずでした。たしかに日本の方が、食べる喜びは多く存在するかもしれない。でも料理へのプレッシャーはF国の方がだいぶ少ないのかもしれません。もしかしたら、この国では男も女も家事をするから、「手間暇をかけろ」と言われず、家事の効率化や簡略化が徹底されているのかもしれないと思いました。

F国にいると暇のイメージも変わりました。日本では暇であることは不人気クリエイターの烙印《らくいん》だと思っていたのですが、ここでは違う。暇はいろんなものに姿を変えられるのです。あるときは青空を映す鏡のような湖であり、揺れるキャンドルの炎であり、野に咲く花を摘んで歩くことであり、長い漆黒の夜だったりする。

暇とはなんて豊かなんだろう。日本人が定年まで味わうことのない暇という資産を、この国の人たちは若い頃からたっぷり持っている。前にラテン系の友達に「君は会社に自分の時間を奪われている。そんなに働いて悲しくないのか」と言われて、まったくピンと来なかったのですが、永遠に続くような暇の海に浸っているうちに少しだけわかるような気がしてきました。

この国の働き方は、もちろんいいことばかりではありません。彼らは日本とちがい、一生ひとつの会社で安定して働くのではなく、転職しなければ給料が上がらない雇用システムを生きていました。だからこそ、会社への強い帰属意識はないけど、自分自身に根拠のない自信を持っているようでした。そして雇用が不安定だからこそ、安定した居場所である家族を大切にしているようでした。

広告にも驚かされました。多様性というものが特別なものではなく、とても自然に表現されているのです。例えば食品メーカーのＣＭでは、自転車に子供を乗せて送り迎えするお父さんが他の老若男女にまじってサラッと当たり前のように出ているのです。日本でもよく見るようなシンプルなＣＭなのに、育児する父が出ているだけで、ここまで見え方が違うんだ。この国はもう育児する男を「育メン」と珍しがるフェーズではなく、次のステップに進んだのだ。

日本では広告の画面から消えるおばさんが、この国では「美魔女」とか「熟女」としてではなくただの中年女性として、若い女性と並列の存在で出てきます。「いつまでも女を忘れず」とわざわざ言わずに、当たり前のようにネイルやメイクを楽しんでいる表現は、私を元気にしてくれました。

この国では制服を着た女子高生が広告にまったく登場しないことに気づきました。そもそもこの国の学校には制服がないのですが、制服がなければＪＣやＪＫといった概念は存在せず、ただのティーンの女の子として存在しているように見えました。日本の広告がいかに女子中高生という記号を多用し、頼り続けてきたのか、実感せざるを得ませんでした。

広告で驚いたのは、女性の描き方だけではありません。アジア系やアフリカ系、シリア系と思われる人が描かれていたり、車椅子の人やダウン症の人が当たり前のように出ています。同性同士のカップルが異性カップルと同じようにサラリと登場していたり、同性カップルに子供がいる様子も描かれていました。

最初はビックリしたけど、よくよく考えてみたらこの国は限られた「普通の人」を基準にしているのではなく、いろんな「普通」を受け入れてくれる社会なのでしょう。

生身のフェミニスト

その国でアラサーの女性たちと友達になりました。誰も彼女たちを産業廃棄物とかBBAと思っていないようでした。彼女たちは、自分はこんなパートナーと付き合いたい、こんな仕事がしたいと、希望を持っていました。日本のドラマで描かれるような婚活の悲壮感はなく、どこまでもリラックスした気ままなアラサー女子の人生。結婚して出産するのはマストではなく、人生のひとつのオプションでしかないようでした。

F国では待機児童など存在せず、早朝や深夜も当たり前に子供を預かってもらえます。男性の給料だけで生活することは難しく、共働きの人がほとんどで、専業主婦は珍しいそうです。家族の形も様々で、シングルマザーも事実婚も多いようでした。シングルマザーの困窮は日本ほどは感じられず、「子供がかわいそう」と特別視されずに当たり前の存在として受け入れられていました。離婚を恥ずかしいと思っていた過去の自分を、逆に恥ずかしいと思うようになりました。

もし自分で子供を出産したいなら、不妊治療は一定の年齢まで無料でできるそうです。しかも子供の教育費は大学まで無料の上に、大学生は親元を離れたときの住居や生活費の支援も受けられるそうです。
日本にいるときの私は、結婚や出産は女という生き物に与えられた学歴や職歴と並ぶもうひとつのキャリアであり、そのキャリアを積んでいないと欠陥品というレッテルを貼られるのだと恐れていました。でもF国にいると、結婚や出産はその人の「状態」であって、その人の価値を決める「尺度」ではないと思うようになりました。

「産め。産まないと女失格だ。ただ全責任は自分でとれ」日本で私はこんなメッセージを受け取っていた気がします。

「産んでもいいし、産まなくてもいい。ただもし産むならお金のことは心配しないで」F国にいると、こんなメッセージが聞こえてくるのです。

この国でなら、子供を産めたかもしれないな。

ギリギリまで追い詰められた生き物は子供を産まない。生活に不自由せず、心から安心できて、初めて子供を産みたいと思うんだ。

アラサー女子の友達は、会社でもジェンダーに関する発言をしていました。

「女だからピンクが好きというステレオタイプがあるけど、あれってどうなんだろう？」

と従来の女の子らしさとは違うデザインを提案する人もいれば、

「このワーディングは女性蔑視ではないか？」

と言って女性蔑視のワードをジェンダーニュートラルなワードに変えたりする人もいました。

そんなにジェンダーに配慮していたら表現の自由が妨げられるのではないか？　と一瞬心配になったのですが、他の社員の人たちもその指摘を納得して受け入れているようでした。

彼女たちは自分たちの権利のためにパレードに出かけていきました。パレードには大人から子供まであらゆる年代の人々が楽しそうに参加していて、その自由で堂々とした姿に驚嘆しました。企業もそのようなイベントに協賛することに積極的な様子が見えました。パレードはあまりにもカジュアルで明るく、後ろめたいことの一切ない音楽とパフォーマンスとアートに溢れたお祭りのように見えました。

政治は恥ずかしいことじゃなく、むしろそれがイケてることになっている。

一体どういう風の吹き回しだろう？

ジェンダーに敏感なのは女性だけではなく、男性社員もです。世界の偉人を取り上げる企画を作っていたとき、私は教科書で習うような男性の偉人ばかりをピックアップしていました。

すると男性社員がやってきて、

「女性の偉人を集めた本があるんだけど。ほら、東アジアの女性の偉人も載っているよ」

と見せてくれました。

最初は「アジア人女性の私に忖度《そんたく》しすぎでは？」と思ったのですが、たしかに世界の偉人が男性ばかりであるのは不自然だと気づかされました。

ジェンダーに配慮することで既存の表現は使えなくなるかもしれない。

でもその代わりに別の表現が生まれるのであれば、新しいクリエイティブ表現が生まれるチャンスなのではないかと思いました。


生理用品を会社の経費で購入してもらうというアクションを起こした子たちもいました。経費で購入されたタンポンが紙袋ではなく透明な瓶に入れられて男女共同のトイレに置かれているのは、見てはいけないものを見てしまったような衝撃的なビジュアルでした。ちなみにF国のスーパーでは、ナプキンよりタンポン売り場の方が面積が大きく、一般的にも普及しているようでした。

タンポン未経験の私は経費で購入したのがナプキンじゃないことにドキドキしていましたが、社員の人たちは特に何も話題にしていないようでした。

ある移民の女の子は、自分の国で中絶が禁止されようとしていることに怒り、社内で署名を呼びかけていました。なぜ中絶をするのが女性の権利なのか、なぜカトリック教会が女性の中絶を禁止しようとするのか、当時はよくわからなかったけど、友達を応援したくて署名しました。子供を産む、産まないといった生殖に関することを自分で決められるという権利は「リプロダクティブ・ライツ」と呼ばれていることを後から知りました。

カラダにまつわることで驚いたのが、平気で「膣《ちつ》」「卵子」などの婦人科ワードが彼女たちの会話の中にポンポン出てくること。最初は下ネタを言って場を盛り上げようとしているのかと思ったのですが、大真面目に顔色ひとつ変えず健康情報として話しているのです。私はテレビでラブシーンが流れたときの父親のように、どぎまぎしっぱなしでした。でもなぜ私は膣や卵子を恥ずかしいと思っているんだろう？　親指や肋骨と同じように自分のカラダの一部なのに。

いつから私は自分のカラダをアンタッチャブルなものだと思ってきたのだろう？　男の人が興奮するためにあると思っていたおっぱいや、男の人のためにツルツルにするべき毛や、エロのためにあると思っていた膣や、子供を産むためにあると思っていた子宮も、本当はただのカラダの一部だと思っていいのかもしれない。

女性社員との会話の中でたまに「フェミニズム」という言葉が出てきて、その度にドキッとしました。実はフェミニストやフェミニズムといったものは、世にも恐ろしいイメージ、それこそ結婚できない怖い女の代名詞だと思っていました。私は今その恐れていたフェミニストたちに囲まれているのかもしれない。でも怖いイメージではなく、どこにでもいるただの女の人だぞ？

エマ・ワトソンが国連で「フェミニズム」のスピーチをしていたのを思い出し、YouTubeで確認してみました。でもエマ・ワトソンが変なことを言っているようには思えませんでした。フェミニズムってそんなに恐れるべきものなんだろうか？

フェミニストな彼女たちの新しい価値観に触れたとき、同意できる部分もあれば、意識が高すぎる、やりすぎだと抵抗を感じることもありました。人間は松竹梅を見せられたら、竹を取ろうとする習性があるといいます。松レベルのフェミニズムに触れた私は竹レベルに心のバランスを取ろうとしていたんだと思います。でも松レベルのフェミニズムを言ってくれる人がいるからこそ、私は梅以下から竹にステップアップできたのかもしれません。そして何よりフェミニストの彼女たちがいるこの国の方が、日本よりも遙かに生きやすいのです。

近くの街に女性の歴史をテーマにした博物館があったので思い切って行ってみることにしました。恐る恐る足を踏み入れると、現代的なデザインのおしゃれ空間で、受付では女性が穏やかに微笑んで迎えてくれました。館内では女性が歴史的にどのような理不尽な偏見にさらされてきたのか、女性への偏見がいかにロジックのないものなのか、昔この国で活躍していた女性ジャーナリストの功績などの展示がされていました。その展示を老若男女の市民が当たり前のように見ているのです。

なんだろう？　やっぱりフェミニズムはそんなに恐ろしいものじゃないぞ。むしろ私の肩を持とうとしてくれているのではないか？

そういえば、この国には若い綺麗な女性はたくさんいるのに、パパ活やギャラ飲みという話を聞きません。友達にパパ活の存在を聞いてみると、

「それはごく一部のお金持ちの男性がすることなのでは？」

と言われました。学生でも生活が保障され、子供を産んでも無理なく働いていける希望があるなら、男性のお金に頼る必要はないのだと思いました。

一度昔のクセが発動し、男性に媚《こび》を売ろうとしたことがあります。

男性は喜ぶどころか、「そんなことしなくていいんだよ」という態度をとりました。

「NO」を言うことも覚えました。もともと私は質問されたら相手の期待に応えねばならないという思い込みがあり、NOと言うからには、よほどの理由が必要だと思っていまし

た。でもF国では仕事を頼まれたり遊びに誘われたとき、申し訳なさそうな顔ひとつせずに「NO」と言う人が多いことに気付きました。たとえ「NO」と言っても、それは自分の考えを言っているだけであって、相手を否定するわけではない。だから平気で「NO」と言えるんだ。そう思いました。

ある日、仕事終わりに遊びに誘ってくれた女性がいました。正直気が進まなかったけど、どう答えようか考えているうちに、

「YESとNOどっち?」

と言われたので、勢いで、

「NO」

と答えてみました。

「わかった」

と彼女は顔色ひとつ変えずあっさり返しました。

私、「NO」って言えた。「NO」って言っていいんだ。

異国の考えに触れるうちに、山のように積み上がっていた肩の荷がスルスルと下りて行きました。日本にいたときに感じていた、濡れたぞうきんをまとわされるような重い感覚が今はもう消えているのです。

ずっと女性としての魅力を審査され、出過ぎたことをするとバカにされ、自分の意見ひとつ言うにも下から下から感じよく話さねばならないあの重苦しい感覚が消えている。

私、外国にいるのに、日本にいるときより尊重されている？

大切にされてるといっても、ちやほやして、手取り足取り甘やかすんじゃなく、自分の足で立てるひとりの人として、距離を置いて尊重してもらえる。そんな風に扱われると「私にはできる」という気持ちがムクムクと湧いてきてしまうのです。

この国で生まれて、この国で子供を産んでみたかった。日本人もF国人も同じ人間なのに、日本に生まれて日本社会で生きているというだけで、どうして待遇が違うんだろう？日本でこんなことを言ったら「海外かぶれの勘違い女」とバカにされるだろう。でも海外かぶれとか関係なく、誰だって自分が安心して生きられる場所で生きていきたくないだろうか？

F国と日本を単純に比較して、「F国の方がいい。いますぐ日本もF国のようになれ」とは思わない。F国はF国なりの問題を抱えているし、気候も地理も文化も産業も民族性も違いすぎて、この国と同じことをしたからといって同じような結果になるわけじゃない。でも少なくともひとりの女性としては、F国は日本より圧倒的に生きやすい。それだけは自信を持って言えます。

ずっとこの国にいられたらいいのに。そのためにはもっと海外で通用する人材になれるよう、もっと学歴やキャリアがほしい。英語も上手くなりたい。婚活のときにあれほど捨てたかった能力を、いまは本気で伸ばしたいと思っていました。

「F国に住みたいなら、向こうでいい人見つけて国際結婚したらいいよ」と日本の友達は言いました。もしすでにそんな出会いがあったのだったら、国際結婚もアリだと思います。だけど、この短期間で大急ぎで国際婚活をするのも、なんだか違うような気がしました。せっかく結婚で女の価値は変わらないと気づいたのに、また男の人の愛情に人生を振り回されて疲弊したくなかったのかもしれません。

それにしても、日本にいるときの私は何をあんなにがんばっていたんだろう？　日本では若くてかわいくなければ、結婚や出産をしていなければ、恥ずかしいしバカにされてしまう。私は女として求められる基準に、必死で自分を合わせようとしていた。そこからはみ出してしまった学歴や仕事への情熱を切り落としたいとさえ思っていた。

でも若さやかわいさ、結婚や出産で人を値踏みするような価値観さえなければ、そもそも私は傷つくことはなかったのだ。

日本出国前の私は毎秒のように「生きていてごめんなさい」と思っていたのに、今では「生きていてくれてありがとう」と何度も何度も思っていました。生きてここまでたどり着いてくれて、ありがとうね、自分。

ずっと自分の生き辛さを日本のせいにばかりしてきたけど、本当に日本のせいなの？もしかしたら日本から地理的に離れていて心がリフレッシュされているからではない？一方でそんな疑いを持つようになりました。でもその疑いが確信に変わった出来事がありました。

ある日、日本料理レストランに行ったときのこと。そこには現地で働いていると思しき日本人男性の駐在サラリーマン2名、年配の上司と若い部下が食事をしていました。滅多に合わない日本人で、しかも席が隣同士だったので話しかけてみることにしました。

「こんにちは」

上司はしかめ面をして、私が挨拶をしても挨拶を返しませんでした。部下の人が申し訳なさそうに挨拶をしてくれました。

「学生さんですか？」

私は気まずい空気をなくそうと、ニコニコして場を取り繕いました。

「学生じゃないんですよ〜。インターンで来てるんです。いま2ヶ月目なんですよ〜！」

そのときに気づいたのです。あ、日本にいたときと同じあの重苦しい感覚、濡れぞうきんだ。めっちゃ敬語で話して、めっちゃニコニコして高い声で話して気に入られるように低姿勢で、心にすごく負荷がかかっている。現地の日本人女性と話してもそれは感じないのに、どうして？

この上司と思われる日本人男性の前でペコペコしているうちに、私はのびのびと羽をのばして生きていた人間から、もとの惨めな30代独身バリキャリ女子に戻ってしまっている。「生きていてごめんなさい」もしかしてこの感覚は、日本人男性に対して発動しているのではないか？

人生の答え合わせ

なぜ、F国はこんなに日本と違うんだろう？　日本と海外を比較した本を探して夜な夜な読み漁《あさ》るうち、日本の働き方が海外とどう違うのかがわかってきました。

――総合職は一生ひとつの会社に勤める「終身雇用」を前提にしていて、残業・転勤・配置転換があります。年次が上がるほど給料が上がり、人生をかけて勤める会社はまさに家族のような存在です。

ここまでは私もなんとなくわかっていました。でもそれが自分の人生にどんな意味を持つのかを考えたことがなかったのです。

海外では総合職という働き方はありません。「フルタイム」はあるけど、総合職とはちがう。私がお世話になっている会社のフルタイムの社員さんも、残業・転勤・配置転換はないようでした。そして一生ひとつの会社に勤めるのではなく、転職によって給料を上げてステップアップするシステムで働いていました。

残業・転勤・配置転換があるということは、会社の都合で人生を大きく左右されるということです。日本の男性が人生に負担の大きい総合職の働き方が可能だったのは、家事、育児、介護など、家庭内のケア労働を担う専業主婦のサポートがあったから。いずれ家庭に入って夫を支えるであろう女性は、１９８０年代まで総合職で雇用されることがなかったそうです。

「男女雇用機会均等法」が１９８６年に施行されてからは、女性も男性と同じように総合職として働く機会が得られるようになりました。だけど企業は、残業・転勤・配置転換ありの「男性的働き方」を変えることはありませんでした。女性は総合職になる機会は与えられても、実質は働き続けられないというわけです。企業は総合職とは別に、残業・転勤・配置転換なしの「一般職」を設け、そこが女性の雇用の受け皿となったそうです。

バブルが崩壊し、夫だけの収入では家計が苦しくなったことで、既婚女性もパートやアルバイトなど非正規雇用で働きに出るようになりました。でも夫が稼いでくれることを前提に非正規女性の賃金は低く抑えられたままでした。リーマンショック（２００８年）の影響で既婚女性だけではなく未婚女性にまで非正規が拡大した上、派遣法改正（２０１５年）では非正規で働く人たちの雇用が３年と決められ、女性の雇用はさらに不安定になったそうです。

リスクを負うのは女性だけではありません。男性も総合職の働き方によって過労による自殺や家庭崩壊などの深刻なリスクを抱えているのだそうです。「男は外で働き、女は家庭を守る」という性別役割分担は、男性にも女性にも大きな負担を与えながら、時代が変わってもずっと温存されてきたのです。

…………ぜんぶ運命だったんかい。

私の運命は、この社会の構造の上に敷かれたものだったんだ。

社会の構造と自分の人生がリンクした瞬間、過去の記憶が怒濤《どとう》のようにフラッシュバックしました。女の子らしくしなさいと言われてきた子供時代。会社の人と家族になりたくて残業した新人時代。「女はどうせ早く辞めちゃう」という上司の言葉。お母さんの自己犠牲を礼賛するCM。男ってしょうがないよねCM。若い女の子ばかりでおばさんのいないCM。

全部、この男性中心の、いわゆるおじさん社会を維持するためだったんだ。

私はこの男性中心社会を支えるための「女の子マシン」として養成されてきたの？　自分らしく生きろとか、いらん希望を吹き込まれて。自分のことを男と同じ生き物だと、愚かにも思い込んで。

女の私が総合職でずっと働いていける見込みなんて、最初っからなかったのだ。そもそも、そういう設計じゃなかった。総合職とは、専業主婦がいる男性が人生をかけて、やっと実現できる働き方だった。無理ゲーだったのだ。会社の男性にはもれなく専業主婦の奥さんがいたのに、なぜこんな簡単なことにさえ気づかなかったんだろう。

仕事では「男並み」の働きを競わされ、一方では女として専業主婦や受付嬢やモデルのような「女子力」の高い人々ともまた競わされていた。男部門と女部門、二つのレースを競わされていたんだ。だから自分は男としても女としても不良品だと思っていた、思わされていたんだ。

女の子はいつか結婚・出産という幸せのベールに包んで追い出され、そしてまた新しい女の子が補充されて、職場の構成メンバーは常におじさんと女の子だけになる。男の人たちはそれを知っていながら、いずれ私が力尽き離脱していくのをただ見ているつもりだったの？　もしくは独身のまま会社にしがみつく私を、行き遅れのお局《つぼね》と言って笑うつもりだったの？　30を超えて知るなんて、あまりにも、あまりにも遅すぎました。なぜこの社会の構造を疑うことをせず、自分を責め他の女性たちを敵対視してきたんだろう。

当時（２０１８年）の日本のジェンダーギャップ指数は１１０位。

先進国の中では最下位ということはニュースで知っていましたが、ただの数字として受け止めていて、それが自分にとって何を意味するのか理解していませんでした。でもいまこの国に来たからわかるんです。ジェンダーギャップ指数が表しているものの正体は、「女性が味わう不条理感の指数」なんじゃないかって。全身に重くのしかかってまとわりついてくる、あの濡れぞうきんのような不快感のことなのかもしれません。

日本がジェンダーギャップをF国並みに上げるにはあと１００年以上かかるそうです。

私もう死んでるじゃん。それまで女の子に私みたいな辛い思いをさせるの？　地球のどこかには女性がのびのび生きている世界があるのに。日本で女性として生まれたというだけで、別の人生を歩まなければいけないの？

ジェンダーギャップ指数の中でも、日本は健康分野の指数は高いのですが、政治やビジネスの指数が突出して低いことも知りました。学生時代までは女性差別を感じにくくても、社会に出た瞬間から女性差別に直面してしまうのが数字にちゃんと出ている。ジェンダーギャップ指数を見れば、私の人生はすべて予言されていたのです。

お金の崖

私が他の女性よりお給料を多くもらっているであろうことには、薄々気づいていました。でもそこまで大きな差はないだろうと勝手に思い込んで、考えないようにしてきました。ジェンダーギャップについて調べていくうち、それが大きな間違いだったことを知りました。

男性の平均年収が500万円代後半なのに対し、女性は200万円代後半。私と同じくらいお給料をもらえているのは、女性の中の本当に一握りだけでした。同じ正社員であっても、女性の平均給与は男性の約3分の2でした。

郵便局のお姉さんに言われたことを思い出しました。

「なんでこんなに貯金があるんですか？　私と同じ年齢なのに」

あれは切実な言葉だったのです。

私は自分よりお給料が少ない女性に対して「男の人に養ってもらえていいな」と妬まし

く思っていました。まわりの男性も「女はいいよな。いざとなったら男に養ってもらえるんだから」そう言っていました。

でも本当にそうだったのでしょうか？

男の人に養ってもらえる前提で低賃金の仕事についたはいいけど、万が一結婚できなかったらどうなるんだろう？　もし結婚できたとしても、DVされて離婚したり死別したら？　いまは3組に1組が離婚するんだよ？「男を見る目がなかった」とか「我慢が足りない」とかで解決できるレベルの問題ではないんじゃないか？

実際、日本のひとり親家庭の貧困率は50・8％で、先進国の中でも特に深刻だそうです。私たち女性は、男性に養ってもらえなければ子どもを生むこともひとりで生きていくことも難しい社会を生きている。ていうか、女性がひとりで生きていくことが難しくなるように、男性に依存しなければいけないように、この社会は作られている。なにそれ、怖すぎるんだけど。

私が落とされた崖は「男に選ばれない高学歴バリキャリ」という崖だった。結婚も出産もできないのは、自分でお金を稼いだ罰だとずっと思ってきた。でもその別サイドには、経済的に自立できない「お金の崖」があるのかもしれない。女がお金を稼ぐということは、今の日本では奇跡みたいなことで、とても恵まれていたんじゃないか。でもいまのお給料をもらえるのは、運よくこのポジションにおさまったからだし、何より子供を産んでいないからだ。決して他の女性より能力があるとか要領がいいからじゃない。小学校から大学まで、勉強も部活も生徒会も、女性がリードしているのをたくさん見てきた。いま働いていない女性や非正規の女性にも、本当は能力のある人は大勢いるはずだし、本来ならば男性並みの給料をもらえる人もいるはずだ。

私は決して能力があったんじゃなく、男社会で働くのに向いていただけなんだと思う。子供の頃からなぜか女の子の集団で浮いていたから、勉強をがんばって男社会に逃げ込んだようなものだ。「勉強はできるけど何かが欠落した人間」として周囲からも認識されていたように思う。努力するのは嫌いじゃなかったから、理由とか考えずにひたすら忍耐と努力を求められる受験戦争や就職戦争に向いていたんだろう。好きなことなら自分のすべてを捧げて努力してしまう特性も、総合職っぽい働き方におあつらえ向きだったのかもしれない。自分を下げて男を上げるという習性も、男社会でうまく作用したのかもしれない。私だって結婚→出産→退社→離婚というルートをたどれば、経済的に不安定になる可能性だって十分にあったと思う。

ずっとお金がほしかった。

田舎出身の女でも、お金があれば自分だけの小さなお城もドレスも買えた。自分が稼いだお金だから、誰にも文句は言われなかった。それに将来年老いた両親を経済的に支えられるのは私だけだ。「老後に2000万円必要」だと政治家の人に言われたのも心配だった。だけど子供をひとりで育てている女性が貧困リスクを背負う世の中って、私が望んだものなんだろうか？　介護福祉士や保育士や飲食店で働く女性が、自立できるギリギリのお給料で働いてる世の中って何か間違っているんじゃないだろうか？

性犯罪の崖

一度ジェンダー格差に気づいてしまってからは、過去の出来事が次から次へと打ち上げ花火のように脳内で炸裂《さくれつ》して行きます。毎晩のように雪道を延々と散歩しながら、ふと思い出したのは性犯罪のことです。

7歳の頃に近所のおじさんから下着に手を入れられたこと。大学生の頃に通行人に胸を鷲摑《わしづか》みにされたこと。マンションのエントランスで知らない若者に押し倒されたこと。おじさんにビルの隙間に連れ込まれて唇を舐められたこと。それは社会人になってからも続いた。残業で遅くなった帰り道に車で追いかけ回されたり、自転車であとをつけられて援助交際を持ちかけられたりした。おじさんが自慰行為をしながらマンションのエントランスまで追いかけてきたこともあった。変質者が怖すぎて毎晩タクシー帰りになったこと。私は性犯罪にあったことを、誰だって一度は経験する、取るに足りないことだと思っていました。性犯罪者の人にも家庭があるだろうし、奥さんと子供を不幸にしてはいけないと忖度したこともあります。一度警察に届けたときも「露出の多い服装が悪かったのでは」と言われました。

もしF国だったらどうだったでしょう？　性犯罪はネタでは済まされず、犯人は社会的にかなりの制裁を受けるのです。実際にこの国では、同意のない性行為は犯罪として裁かれるそうです。でも日本では自分も社会も、性犯罪を犯人ではなく女性のせいにしている。

それもまた女性蔑視なんじゃないだろうか？

「女の子はスカートをはくべき」と教育しといて、もし性犯罪にあったら「スカートが短いから」だと責める。日本社会は女の子にあまりにも無責任で不誠実ではないだろうか。

#MeTooでセクハラを告発した女性たちを思い出しました。彼女たちは「ハニトラだ」「売名行為だ」と猛バッシングされ「セカンドレイプ」に晒されていました。日本では#MeTooが盛り上がらないと言われていたけど、それはセクハラの件数が少ないからじゃない。こんなに被害者がバッシングされる社会で、誰が声を上げたいと思うだろう？　そして私の心の中にも、「被害者にも落ち度があった」と思う気持ちが少しでもなかっただ

ろうか？　自分の中にある女性蔑視にも気づかされました。

アダルトコンテンツの崖

もうひとつ謎が解けたことがあります。アダルトコンテンツのことです。

女性誌の「愛あるセックス特集」と男性向けのアダルト雑誌はコンセプトが圧倒的に違うとは感じていましたが、男はなぜこんなに汚く描かれた女性のビジュアルに興奮するのかと疑問でした。

でも「女性蔑視」を知ってしまってからは、見え方が変わってきました。

もしかして男の人はセクシーとかエロではなくて、「女いじめ」が見たいのかな？　自分でもその発想にギョッとしました。女の人に常識では考えられないような嫌なことをして、汚して征服することに興奮しているのは、メイクラブでも相手の同意をとったＳＭでもなく、相手への尊重のない女性蔑視だと考えたらこのコンセプトの違いの説明がつかないだろうか……。

アダルトコンテンツに出てくる女の人は最初は嫌がっていても屈辱的なプレイや中出しをされても、最終的には喜んでくれて、後腐れなくどこかに消えてくれて、男が責任をとる必要はなし。都合のいいファンタジーだと思っていたけど、自分の中で言葉にできなかった。でもいまならそれも女性蔑視に見えてきた。

あとで知ったのですが、同意のない性行為をされた女の人は一生心に傷を負ってフラッシュバックに苦しんだり、最悪の場合は通学が困難になったり仕事すらできなくなるのです。でもその事実は世の中に隠蔽《いんぺい》されたまま、男の人が大好きな女いじめコンテンツは提供され続けています。それが子供でも見られるコンビニや書店に陳列されているのです。コンビニや書店だけでなく、恐らくネット上にはその何万倍も似たようなコンテンツがあり、日本中のあらゆる階層の男の人が女いじめを見たいと欲望しているように思えました。

実際に10代が妊娠したり赤ちゃんを捨てたニュースが流れると「ビッチ」「ヤリマン」「自己責任」という誹謗《ひぼう》中傷コメントが女の子だけに寄せられる。彼女を妊娠させたのは、自分と同じような中出しコンテンツを消費しているであろう男性なのに……。

AV出演強要という問題もあるらしい。イメージビデオ撮影などの別の仕事に呼ばれて行くと、そこはＡＶ撮影の現場で脅迫されて撮影に応じさせられることもあるそうだ。女の人を性的に搾取して再起不能にするのも、またひとつの崖なのかもしれない。

そういえば大学生のときに知らない男性から「イメージビデオに出ませんか？　監督はあなたを見て喜ぶと思います！」と声をかけられた。私はモデル体型でも絶世の美女でもないから、若い女というだけで声をかけている＝怪しいとわかった。でも、もし私がお金に困っていたりモデル志望だったりして、あのスカウトについていってたら……？

奇跡だよ、いまこうして無事に生きていられるの。なんでこんなにたくさんの崖があるの？　しかも崖から一度落ちたら、這い上がることも難しくさせられている。日本の女の人は守られていなさすぎる。私はたまたま生きのびることができた。でも日本社会はどれだけ女性を粗末に扱い、女性の声を聞かず、黙らせ、その能力や性を無駄遣いしてきたのだろう。

おじさん社会の罪

ああ、「普通の日本人男性」よ……。

のび太のお風呂のぞきシーンを見て育ち、ラッキースケベを描いた少年漫画を読み、ナンパ術をモテの教科書にし、AVや違法にアップされたポルノ動画でセックスを学んで、HENTAIを世界に誇れる日本のカルチャーとして喝采してる男性。それが私の友達や同僚や上司、そして未来の恋人や夫なのだろうか？

世界でも有数の男女格差の国で、政治も経済でもおじさんが支配しているこの社会で、男性は本当に幸せなんだろうか？

通勤電車のサラリーマンたちは、灰色の表情をして感情を押し殺して電車にぎゅうぎゅう詰めにされていた。奥さんがいて子供がいて総合職で勝ち組かもしれないのになぜあんなに死んだ目をしていたんだろう？

結婚相談所やマッチングアプリで出会った男の人たちからは、幸せの匂いがしなかった。自分を異性にアピールする場なのに、捨て犬みたいな悲しそうな目をしている人もいた。相手に愛されるよりも、まず自分を愛している様子が伝わってこなかった。

感情やコミュニケーション能力や笑顔、自分を愛しケアすることを奪われた普通の日本人男性。それはまるで20代の頃、女性を見下して仕事に邁進しプライベートをかなぐり捨てて、それでも誰かに愛されたいと思っていた自分にそっくりな気がする。私は女という理由で感情表現もコミュ力も家事もなかば強制的に習得してきた。でも男性は「女らしい」とされるそれらの能力を自分では持たず、下請けである女に丸投げして、かえって自分の首をしめているんじゃないか？

最初、男という生き物は悪人なのかと思った。でもそうじゃない。彼らはとてもいい人たちだ。なんなら私より性格がよくて人格者だったりするのだ。普通の善良な男性をそんな仕上がりにする「おじさん社会」のシステムがおかしいのだ。そもそも優遇されている男性さえ社畜にさせられ人間扱いされていない国で、女性が人間扱いされるわけがないんだ。

おじさん社会にとって女というのは、地球から無限に供給される資源なのだろう。できるだけ若い頃からそのエロ資源を採掘し、徹底的におかずにして活用し、年を取ったら家庭におさまって、自分たちがやりたくないケア労働をやってくれるのを待っているのだろう。そのために女性が払っている膨大なコストや犠牲も、セーフティネットからこぼれ落ちたときのリスクも見えていないのだ。自分たちがどれだけたくさんの女性を、しかも遠い国の女性じゃなく、いま目の前にいる女性を無駄遣いしているか気づいているだろうか？　彼女たちを下へ下へと押しやる行為が、自分の立つ地盤まで沈下させ、日本を衰退させていることに気づいているのだろうか？

いや、彼らは彼らなりに日本をよくしたいと必死なのだろう。無力な女子供に代わって、我こそが男として日本を発展させていこうと張り切っているんだ。でもそのやり方が通用しなくなっていて、自分だってめちゃくちゃに傷ついているのに、女性蔑視で家父長的なやり方をさらに強化しようとしているように見える。散々コスパとか効率とか言ってるのに、男がリードする日本社会のコスパはなんて悪いんだろう。

私は男に死んでほしいとか思ってない。これまで私はたくさんの男性にお世話になってきた。私を育て、励まし、信じて、愛してくれた人たち。それは揺るがない事実だし、私はそのすべてに感謝している。

「家父長制」も「女性蔑視」もがんみたいなもので、がんになった人を憎むことはできない。「病を憎んで人を憎まず」だ。でも病はそのままでいいのではなく、早期発見して治さなければいけない。世界はその病を克服しようとしているのに、日本はその病を認めようともしてない。いや、日本にもきっと、その病に気づいている人はいるはずだ。でも、いったいどこにいるんだろう?

世界は女性差別を克服してきた

私のいるF国でも、元から男女平等というわけではなかったらしい。女性の政治家が半分を占めるこの国も、かつては女性差別が存在した。1970年代に女性運動が起こり、現在の権利を勝ち取ってきたそうだ。F国の選挙の投票率は平均80％台で、市民が政治にコミットする姿勢がとても強い（日本の投票率は50％以下）。

ジェンダーギャップ指数が世界一低いというアイスランドでは1975年に成人女性の9割が仕事も家事もストップさせる大規模なストライキを行い、女性の権利を勝ち取ってきた。そしてF国もアイスランドも、幸福度ランキングで上位になっている。

日本はどうなんだろう？　学校で「平塚らいてう」や「ウーマン・リブ運動」を習ったけど、今は？　また女性が立ち上がるしかないのだろうか？　でも立ち上がるって具体的に何すること？　そもそも日本に女性差別があることにみんな気づいていないよね。私だってジェンダーギャップ指数が110位とは知ってたけど、日本は男女平等だと思ってたし、自分の辛さと結びつけられてなかった。

それに私たちは権利を主張しないように、子供の頃から教育されてしまっている。それなのにデモ？　ストライキ？　ハードル高すぎるよ。オタ活やグルメやファッションや、楽しいことが山のようにある中で、なんでデモやストライキをしたいと思うわけ？　無理ゲーじゃないか。

そもそも日本って女性差別を推奨している国だったんだっけ？　Google検索で日本国

憲法を調べてみました。

日本国憲法第十四条　すべて国民は、法の下に平等であって、人種、信条、性別、社会的身分又は門地により、政治的、経済的又は社会的関係において、差別されない。

憲法では性別による差別があってはいけないと書いてある。でも現実はそうなってはいない。どうしてなんだろう？

憲法にはこんなことも書いてありました。

日本国憲法第十二条　この憲法が国民に保障する自由及び権利は、国民の不断の努力によつて、これを保持しなければならない。

日本は民主主義の国だけど、「不断の努力」をしないと、自由も権利も獲得できないのか。クッソめんどくさい……。

でも待てよ？　私って努力だけは得意だったはず。それに広告クリエイティブには、課題を解決する力があるはずだ。難しいことをわかりやすく、人の心をマイナスからプラスに変容させる力もあるはずだ。

それに人口の半分は女性なんだ。私たち女性はタピオカを流行らせて日本の景色を変えた。社会のあり方だって、きっと変えられるはずだ。


帰国の日が近づいていました。ぶ厚い雪の層はほとんどとけて、青い空の下に天国のようなお花畑が広がっています。

私にフェミニズムを教えてくれたアラサーの女の子たちとは、何度もお別れＢＢＱやディナーをしました。高いレストランになんか行かなくても、川辺や湖のほとりでお別れパーティはできるのです。

「笛美はとても強くて頭がいい勇敢な女性。きっと日本でも上手くいくよ。日本で独立してフェミニズムの広告を作る会社をやればいい」

そんなの無理だと思ったけど「ＮＯ」とは言わずありがたく受け止めておきました。


ほんの短い期間だったけど、女性であることで嫌な思いをしなかった日々。

「30代独身バリキャリ女子」から、ただの人間になっていた、その日常が終わってしまう。明日からまた女性蔑視の日々が始まる。

私は自分の心を守れるだろうか？

おじさん社会からの脱落

帰ってきた濡れぞうきん

F国での滞在期間を終えた私は、真夏の成田空港に到着しました。空港に飾ってある広告が目に入るたび、ズシン。電車の中吊り広告が目に入るたび、ズシン。ああ、日本で感じるあの重い濡れぞうきんが久しぶりに肩にのしかかってきました。広告に出てる女の人が、小さい。サイズじゃなくて存在感がちんまりと表現されているような気がする。彼女たちに感じるのは自信や大胆さよりも、慎ましさや抑制。街を歩いている女性も、F国の女性より小さい。ただ背が低いのではなくて、小さくかわいく誰も脅かさないように気を遣って存在しているように見える。

私もF国で大きく広げた羽を折り紙のように小さく折り畳んで、日本の小さな女に戻っていくのか。いや、そんなのは嫌だ。できる限り堂々と羽を広げるんだ。もう自分のことを小さくも見せないし、無理して大きくも見せないぞ。

久しぶりの山手線の中では、脱毛と整形の広告がめっちゃ多い。たまたま出稿が重なっただけなのだろうが、国を挙げて「美しくなれ」とプレッシャーをかけられてる気がする。多種多様な年代や性別の人々を描く広告では、必ず制服を着た女子高生がセンターにいて、おばあさんやママさんは端に追いやられている。人種も日本人だけだし、車椅子の人とかもいない。女性向けの広告も雑誌も、「自分らしく」とか「あなたらしく」とか、キャッチコピーでは言っている。でも「自分らしく」も「あなたらしく」も、男の人にお許しをもらえる小さな枠の中におさめられている。間違っても「WE SHOULD ALL BE FEMINISTS」なんて書かれたTシャツを着てはいけない。

この国にはアイシャドウの色を選ぶ自由はたくさんあるのに、生き方を選ぶ自由はあまりない。その小さな自由の中で、洋服やコスメやグルメや婚活や、たくさんの商品が提案される。狭い中でしか自己表現を許さないくせに、そのルールに適応した女の子たちは「量産型」とバカにされる。

ゲームやアニメの広告では、顔を火照らせてあり得ないおっぱいをした女の子が描かれている。人間じゃなくてエロのために品種改良されたクリーチャーみたいだ。こういう表現は、F国ならば少なくとも公共の場に堂々とは置かれないだろう。日本だからアリなんだ。日本人はみんな女性蔑視をシャワーのように浴びながら生きている。お前はなんてブスなんだ。なんてダメな女なんだと、あの手この手を使って女性に罪悪感を与えようとしてくる。

とはいえいまの私は、ただ濡れぞうきんにやられっぱなしの自分ではありません。降りかかる濡れぞうきんを跳ね除けるように、「おかしいのは私じゃない、そっちだ」と心の中でツッコミを入れるようになりました。

「生きていてごめんなさい」対策

「生きていてごめんなさい」

フェミニズムを知る前の自分の心によく去来していた言葉です。もう「生きていてごめんなさい」とは1秒たりとも思いたくない。そこで「生きていてごめんなさい」と思わされそうな場所を予《あらかじ》め感知して、可能なかぎり避けるようにしました。

「生きていてごめんなさい」センサーが反応する場所として、代表的なのは飲み会です。飲み会で酔っ払った男性は、特に話題がないと、すぐに手近な女性の外見や恋愛ステータスを酒の肴《さかな》にしようとします。

ある飲み会でおじさんたちが新卒の女の子と話していました。

女子「彼氏ができないんですよ〜。妹みたいに見られちゃうんです〜。どうしたら意識してもらえると思いますか〜?」

おじ「もっと大人っぽい格好したらいいんじゃないかな? 髪をロングにするとか?」

女子「え～？　私、子どもっぽいですか～？」
おじ「あ、でもいま流行ってる赤い口紅とかはあんまり好きじゃないなあ。女のコは薄化粧がいちばんかわいいよ」
女子「え～、ナチュラルメイクが一番難しいですよ～」
私だ。20代のときの。辛くて見ていられない。

社内で暇そうに話しかけてくる男性社員も要注意です。

「忙しいのか？　ニキビができてるぞ」「あれ？　笛美さん、ご結婚されてましたっけ（笑）？」「さいきんどうなの？　彼氏できた？」「うちの嫁がさ～、休日フットサル行くとうるさいんだよ～」

もう無理。勘弁してくれ。

あんなに楽しかった雑談なのに、私はどうしてしまったの？


なにげに困ったのはスーツ姿の男性の集団が怖くなったことです。昔はあの中に女性として入ることを許された自分を誇りに思っていたのに。今では黒いスーツに身を包んだ男だらけの世界に女ひとり丸腰でいると、その威圧感からとても心細く感じてしまうのです。

特に女性向けブランドの企画会議で私以外の出席者がみんな男性だと、「女はどこに消えたんだ？」とディストピアのようにさえ感じてしまうのでした。

テレビをつければ中高年男性のMCに若い女性アシスタントが、ニコニコ&ペコペコご機嫌をとっていて、後輩思いとか人情派と呼ばれる男性芸人が女性アナウンサーやタレントを叩いて笑いを取っている。それを見ると「生きていてごめんなさい」発作が出まくるので、チャンネルをサッと変えました。

オフィスを歩けば壁に貼られた自社制作のポスターが目に入ってきます。走るサラリーマンのビジュアルに「突き抜けよう」「壁を越えろ」「限界を突破しろ」「枠を壊せ」など、人を駆り立てるようなコピーが書いてあって、心がギュッと締め付けられるのを感じました。君たちは男らしさの枠にガチガチに縛られているのに、狭い男社会の中で何を突き抜けようとしているのだろう？　一度でいいから男らしさの枠を突き抜けてみてくれよ。「家族の絆《きずな》」を描くために、お母さんの献身ばかりを描く広告も辛くなるので直視できなくなりました。確かに日本はいまお母さんが家事の主体だ。でもワンオペや産後うつが問題になっているのに、いつまでお母さんにだけ献身させれば気が済むんだろう。

残業ばかりして子育てを日常的にやっていないであろう男性クリエイターが「ママを応援する」とか言って、ママに新たな手間をかけさせるような子供の知育ゲームなどを企画しているのを見ると、「そんなことする暇があったら早く家に帰って子供の世話をしろよ」

と言いたくなりました。でも自分が手掛けた過去の広告を振り返ってみると、お母さんの献身広告をいくつも作っていて、クライアントや社内の人に喜ばれてきていたのです。私も性別役割分担のすりこみにガッツリ貢献していたのでした。

#MeTooがあったというのに、相変わらず大物クリエイターのセクハラの噂を聞きました。もういい加減にしてほしい。彼らはいつまで懲りないのか。訴えられるか訴えられないかのギリギリを攻めるギャンブルでも楽しんでいるつもりだろうか？　束の間のギャンブルを楽しむために、可能性に溢れた女の子の一生を潰す気なのだろうか？

逆に「生きていてごめんなさい」発作が出なくなるシーンもありました。それは赤ちゃん連れのお母さんを見るときです。以前は自分が子供を産んでいない罪悪感からママさんたちに遭遇すると脂汗が出ていましたが、それも大分収まってきました。結婚してもしなくても、子供を産んでも産まなくても、それで人の価値は変わらないと気づいたからだと思います。ママたちは、いつか私が子供を産むかもしれない未来のために道を切り開いてくれている。だから敵対するのではなく、サポートした方がいいのだと思いました。

若い女性社員を見ても「生きていてごめんなさい」が出なくなりました。昔は彼女たちに自分の居場所を取られるのでは？　と脅威を感じていました。でもいまは彼女たちが男性社員のセクハラにニコニコと返していたりメイクも崩さず残業しているのを見ると、とても心配になりました。女性クリエイターは中高年男性のフィルターを通さなければ世に出ることができないから、男ウケする企画や振る舞いを求められているのかもしれません。女性クリエイターが女性向け広告でヒット作を出していても、その成果がおじさんにわかりにくいためか、驚くほど評価されていないということも、うすうすわかっていましたが確信に変わりました。彼女たちが冷遇され、排除されるのはあまりにも惜しい。崖っぷちを最新モード服とハイヒールでギリギリ歩いているような彼女たちがどうか無事に自分の才能を発揮できますように。

Netflixで配信されている海外のドラマや映画を見ているときだけは「生きていてごめんなさい」が出てきませんでした。海外では予算をかけてフェミニズムの精神で貫かれたコンテンツが作られているのが伝わってきます。きっとスタッフにも観客にもフェミニストがいるのでしょう。そのようなフェミニストだらけの世界が存在することが信じられない。パラレルワールドだろうか？　海外のフェミニズムコンテンツを酸素ボンベのように使いながら女性蔑視な日々をなんとか生きながらえました。

前は自分を下に見せることにすごいエネルギーを使っていましたが、対等な気持ちで接するようにしました。どんなに偉い人やクライアントと話すにしても、敬語で話していても、気持ちだけは対等にすることは可能でした。自分を下に見せるより、こっちの方がエネルギー消費量が少ないし、かえって相手を尊重できる気がしました。
そんなことを繰り返しているうちに、私自身が男性と女性で違う体の反応をすることに気がつきました。男性といるときの方がなんとなく緊張感を持っている。女性といるときの方がリラックスしている。それ自体はいいことなんだけど、下手したら舐めそうになっている。自分に染み込んだ女性蔑視というものを実感せざるを得ませんでした。

F国の彼女たちのように、どんな仕事がしたいか、どんな相手と付き合いたいか、遠慮せずに希望し、口に出すことにしました。「NO」もできる範囲で言えるようになりました。無理してセクハラ的発言にほほえむことも、できるだけしないようになりました。変なことを言われたら、「ん?」くらいでもいいから言い返すようにしました。イケてる男性社員が「女は男を立てるべき」などと言っているのを見ると「めっちゃ今どきっぽく見せてるけど中身は昭和だな」と心の中でツッコミを入れられるようになりました。あれこれ試しているうちに、「生きていてごめんなさい」をだいぶ遠ざけることができるようになりました。

今まであきらめていた分野の勉強や、いつでも海外に行けるよう語学の勉強をするようにもなりました。企画について話すときは自信を持って話すように心がけました。私に自信がないことは「インポスター症候群」と言い、私個人の問題ではなく多くの女性が女性蔑視ゆえにそう思わされていると気づいたからです。

私の自虐キャラを知っている、フェミニズムの「フェ」の字も知らなそうな男性の先輩にさえ「最近、自信が出ていい感じだね」と言われるようになりました。フェミニズムは職場にだっていい影響があるんです。

F国に帰ることはできないけど、心の中にだってF国は持てる。フェミニズムは自己啓発書でも占いでも手に入れられなかった心の安定を私にもたらしてくれました。まるで北極星を見つけた気分でした。

男社会の掟が見えてきた

フェミニズムを知ることで、男性の行動原理にも関心が行くようになりました。会社の男性社員を見ていると、そこには男社会の掟のようなものがあることが見えてきました。

・男は上になれ

彼らの行動原理は上昇志向。とにかくすべては上の立場に立つため、上の立場にいる自分を確認するために生きている。仕事の能力だけでなく、いかに自分がやんちゃできるか、言動が狂ってるかなどでも競い合おうとする。下になったらゲームオーバー。

・男は上には逆らうな

彼らが年上や権力のある男性に逆らうことは基本的にはない。『半沢直樹』のような下克上はファンタジーでしかない。

・男は地味な仕事をするな

男は上に相応《ふさわ》しくない地味な仕事はしたくない。地味な仕事はできれば自分より格下の相手、つまり女か年下の男にやらせて、自分は華やかな大きな仕事がしたい。

・男は失敗をするな

「失敗は発明の母だ」と言われるけれど、自分の失敗をさらすことは御法度。もし失敗しても失敗しなかった風に見せるべし。

・男は男とつるめ

広告会社は多様性のある人を集める「人間動物園」だと言われるが、その実態は「男たちの動物園」でしかない。女の人を一時的に動物園に入れることもあるけど、その質と量は彼らがコントロールしているみたい。

・男は女を格下扱いしろ

上司、タレント、クライアントであっても、女性は格下。女をどれだけ粗末に扱えるかは男の格付けを決めるひとつの要素。女にモテる男より男にモテる男の方が強い。セクハラっぽい企画を出してくるのも、男の中でのランクアップのためだろう。

なぜ今までこの掟に気がつかずに、10年も会社員をやってこれたのだろう。これまでも私はニコニコ&ペコペコして生き残ってきたけど、そうすることに迷いを感じてきた。でも男社会の掟に気づいていれば、より戦略的に彼らの求める女像を実践して警戒心を下げつつ、うまいこと彼らを利用しながら、もっと成功できていたかもしれない。

婚活でも男社会の掟を知っていれば、男が求める「嫁」像を徹底的に迷いなく演じることだってできたかもしれない。はては結婚詐欺師になってお金を騙し取ったりできたかもしれない。フェミニズムを知ってしまった今となっては絶対にしないけどな。

F国の男の人たちは、もしかしたら内心では女性蔑視もあったかもしれないけど、大っぴらにすることはなかった。それは彼らにとって女性蔑視が恥ずかしいことだからだろう。でも日本では女性蔑視こそが男らしさの証だとでも言わんばかりにオープンにしてる人があまりにも多すぎる。この違いは何なのだろう？

しかし男は大変だなあ。こんな窮屈な掟の中で生きていたら、重圧で気が狂いそうにならないだろうか。そのプレッシャーから逃れるために、女を利用して憂さ晴らしするのだろうか？　男だって自由になればいいのに。

でも彼らが上に上に行きたくなる気持ちも理解できるのです。女性の私でさえ年次を重ねるにつれ、自由になるお金が増えてきました。お金があると、より都心に住める。都心に住んでいたら、さらに都心に住みたくなる。

外食をするにしても、もっといい店に頻繁に行きたくなる。夜だけタクシーに乗っていたら、朝も昼もタクシーに乗りたくなる。ブランド品を持っていたら、もっと上位ランクのブランド品がほしくなる。東京出身の同期の子たちが私には小さく見えた差異にこだわりを持っていた理由が、今ならわかるのです。

上には上がありすぎる。

自分がある程度上に行ったら、今度はもうワンランク上に行きたくなる。下に行くのは負けた気がするし、競争を降りるにはよほどの理由が必要に思える。ずっと上を目指しているうちに、どんどん視野が狭くなって、日本人はみんな都心に住んでいて、素敵なお店での外食やブランド品を楽しんでいるような気さえしてくる。広告を見る人たちのほとんどは港区に住んではいないのに。

広告業界の頂点にいる人たちは、幸せなんだろうか？　残業ばかりして家に帰らず、セクハラやパワハラをしちゃう人が本当に幸せとは思えない。無名な頃は謙虚でいい人だったのに、有名になってキャラが高圧的に変わってしまった人を何人か見てきた。広告は1人で作れるわけじゃなく、スタークリエイターだって多くの人の支えの上に成り立っている。なのに、いつでも誰よりも優れていなければならず、なんでも自分の手柄にしなきゃいけない。そんなプレッシャーに常に追い立てられ、自分を脅かす人を力で押さえつけたくなる気持ちは、私の中にもある気がする。使うか、使われるかの熾烈なパワーゲームの中にいる限り、この焦燥感はどこまでも付きまとってくるのだろうか。

がんばりの使い道

今日も、打ち合わせが長い。

会議室の中で腐りそうになりながら、男性の同僚たちの様子を眺めていました。あいかわらず女は私ひとり。ずっと同じことをグルグル話していて、次回までに何をするかも決めないまま打ち合わせが終わる。生産性が低いのは効率だけの問題と思ってたけど、本当は彼らは長い打ち合わせが好きなのかもしれない。家事・育児を奥さんに丸投げして、たっぷり残業する男社会。

上司が「がんばれ」と言う。

部下は「がんばります」と応える。

「がんばる」とはどんなタスクなんだろう？　何を以《もっ》てして「がんばる」なのかわからず、みんながそれぞれの持ち場で孤独に「がんばり」を抱え込みながら生きている。

「がんばり」だけの仕事は辛い。でも楽だ。だって目的とか改善策とか考えずに、ただ従っていればいいんだから。いつしか改善するのを諦めて、クライアントや上司の無茶振りに無感情で従うマシーンになる。それがいちばん楽だ。ひどい無茶振りに悪態をつくことで、仲間との一体感も生まれる。それもまた楽しかったりする。

日本人はF国人より、能力が劣っているのだろうか？

能力がないから生産性が低く、長時間労働になりがちなのだろうか？

いいや、そうじゃない。

日本人の方が優れている面もいっぱいあるし、なにより圧倒的にがんばり屋さんだ。違うのは「がんばり」の使い方なんだろう。日本人はその「がんばり」を、苦しみを我慢することに使いすぎている。

だけどF国人は理不尽な我慢をしない。理不尽な我慢を極力しなくとも、人間らしく生きられるように社会がデザインされているからだ。彼らはそういう社会やコミュニティを作るために、「がんばり」を使ってきたのだろう。

F国人にできることなら、日本人にもできるんじゃないだろうか？ おなじ人間なんだから。日本人が我慢するために使ってきた「がんばり」のほんの一部でも、社会から苦しみを減らすために使えたとしたら、世の中だいぶ変わるのではないだろうか？

旦那デスノートの発見

ある日、女性向けの商品の口コミを知ろうとTwitter検索をしていました。そのとき初めて、大勢の日本人の既婚女性が、匿名アカウントで自分の苦悩をツイートしていることを知りました。

#旦那デスノート／#旦那死ね／#旦那嫌い／#旦那の愚痴／#旦那ストレス

なんだこれは……。

私が昔妬んでいた、「結婚・出産をして女性としての幸せを叶えた人」たちが家庭内で女性に期待される過剰な役割や、理解のないパートナーに対し、人知れず悩んでいるのです。同じような投稿はInstagramでも確認できました。

#旦那デスノート はメディアにも取り上げられ「女は陰湿で怖い」と話題になりました。でも私は少なくない夫が育児放棄やモラハラやDVをしている事実の方が怖くなりました。何より彼らをそんな夫にしてしまう社会構造が怖いと思いました。この匿名の人たちは愚痴りたいだけで、解決したいとか声を上げたいとまでは思ってない、むしろ過去の私のように「フェミニズム」なんて自分に関係のない怖い女のイメージを持っているかもしれない。でも女性の構造的差別に起因する悩みは、確実にこの日本に存在している。

結婚して数年経った友達からパートナーの愚痴を聞くことも増えました。

「旦那が家事をまったくやってくれない」「旦那はもはや長男」

「TwitterやInstagramの投稿と似たようなことを彼女たちも思っていたのです。きっと彼女たちのパートナーはいい人なんだと思います。でもそんないい人でも、結局は奥さんに家事や育児を依存して対等なパートナーになることができない。お願いだから私の友達の人生を無駄にしないでほしい。各家庭にそれぞれ事情はあるだろうから、とてもそんなことは口にできないけど。

パートナーの苦労話をした後に友達は、

「笛美はいい人いないの？」

と話題を私にふってくれます。でも、そんな結婚のネガティブな話を聞いた後に、結婚したいと迷いなく言うことはできませんでした。

パートナーに苦労してる女性に対して「男を見る目がなかった」「そんな男を選んだ自分の責任だ」という人もいます。もしも #旦那デスノート をつぶやくのがたったひとりだったら、それは個人の問題かもしれない。でもここまで多くの人が悩んでいるなら、それは社会の問題ではないでしょうか。#旦那デスノート をつぶやいている人たちみんなに知ってほしい。その悩みは旦那や彼女個人の問題でも、愛とか絆の問題でもなく、おじさん社会による女性差別のせいだってことを。

でもこの方々に気づいてもらうにはどうすればいい？

私には何ができるだろう？

世界ではジェンダー平等の嵐が吹き荒れているのに、日本のテレビをつければどこ吹く風で、グルメや最新のスポットの情報にタレントさんが弾けるようなリアクションをしている。まるで平和ごっこをしているみたい。

日本の商品を見せられた外国人が「日本すごい」を連発している。日本は平和だ。その平和は女性蔑視の上に成り立っている。世界は女性蔑視を解決しようとこんなに頑張ってるのに、日本はガラパゴス状態。時代に逆行しまくりで逆にすごいよ。

もしかして、テレビ局にいる人も、日本の女性差別の深刻さを知らなかったりするのだろうか。それとも、知ってて敢《あ》えて隠しているの？　テレビって国民を洗脳してる悪の親玉なの？

いや……いちばん現実的なのは、ジェンダー格差を取り上げても視聴率が取れないと思われているからだろう。なぜ視聴率が必要なのかといえば、それは企業からの広告収入のためだろう。多くの人に番組を見てもらうほど、多くの人に広告を見てもらうチャンスが増えて、企業はテレビ局にたくさん広告を出すし、たくさん広告費を払ってくれるのだから。

テレビで女性蔑視を取り上げないことも、グルメやエンタメで平和ごっこをすることも、広告費を稼ぐため？　私の生活の糧である広告業界をもうからせるために、日本の女性蔑視が隠されているとしたら、マジで終わってる。どんだけ皮肉なんだろう。

隠れフェミニスト

ある日ふと思い立って「フェミニズム」をGoogle検索してみました。するとフェミニズムを研究する大学やゼミなどの情報が出てきました。

うーん、学問とかじゃなくて、私みたいな勤め人向けの等身大フェミニズムってないのかな？　そこで先日「#旦那デスノート」を見つけたTwitterで試しに「フェミニズム」と検索してみました。すると日本語でフェミニズムを語っている人々の存在が確認できました。

日本にもフェミニストは存在する！

実際に姿は見えないし、何人いるかわからないけど、フェミニストが書いたとされる文字は確認できる。それは大きな発見でした。

初めて自分からフェミ的な投稿をしたのは、２０１９年西武・そごうの正月広告がジェンダー炎上したときでした。その新聞広告は、女性がクリームパイを投げられているビジュアルにこんなコピーが書いてありました。

女だから、強要される。
女だから、無視される。
女だから、減点される。
女であることの生きづらさが報道され、
そのたびに、「女の時代」は遠ざかる。

今年はいよいよ、時代が変わる。
本当ですか。期待していいのでしょうか。
活躍だ、進出だともてはやされるだけの
「女の時代」なら、永久に来なくていいと私たちは思う。

時代の中心に、男も女もない。
わたしは、私に生まれたことを讃えたい。
来るべきなのは、一人ひとりがつくる、
「私の時代」だ。
そうやって想像するだけで、ワクワクしませんか。

わたしは、私。

日本の広告業界ではタブーである女性差別について取り上げた意欲作、になるはずだったのに。当時話題になっていた医大入試の女子減点問題にも触れていて、せっかく女性差別についての問題提起をしているのに、その原因である男性中心の社会構造に言及することなく、女性の心の持ちようだけに解決を任せてしまっている。

でもそういう企画になった経緯は、わかる部分もあるのです。日本の広告業界という思考の箱の中で考えれば、ただ怒っているだけの女や、悲しんでいるだけの女を出すことは後ろ向きだと捉えられてしまう。「男も女も関係ない。わたしは私」と前向きに努力しようとする女性を描くことが、日本の広告としては正解なのでしょう。だけど、フェミニズムを知ってしまった私は、もうパイを投げてくる人たちがいることを見ないふりをして前向きになれないし、ワクワクなんてできない。

きっと私が何を言っても、広告業界の人には届かないだろう。でもそれでも構わないから、フェミニズムを知っている人として、広告クリエイターのはしくれとして、自分の思ったことを形にしておきたい。そう思って、大急ぎでnoteを書きました。

＊

西武・そごうの広告について、女性の広告屋として思ったことを、どうか言わせてください。結論から言うと、**怒ってくれてありがとうございます。**

きっとこの仕事をした人は、男女関係なく、男性優位なコピーライター業界で評価される広告をいっぱい作って、がんばってがんばって、その末にこの仕事を勝ちとったはずです。

この広告に対する、業界人からの評価が高いのもわかります。

いままでも、**男性クリエイターが作る、女性を応援する広告は、その気がありましたもの。男女平等を訴えるのに、なぜかＪＫ出したり、ムダにエロくしたり。女性を応援するといいながら、女性をバカにしたり、劣等感をあおったり。**そういう広告は、世の中の人のために作られてるというよりも、**男性中心のサラリーマン社会で通るため、または男性中心の広告クリエーティブサロンで評価されるために作られてること**も多いのです。本気で女性の立場を改善しようとする人たちから反感を買うのは、自然なことだと思います。**広告業界にいて、女性嫌悪に手を染めないでいられる人なん**

ていない。私も含めてそうです。でも、だれも、まさか自分たちが、女性を嫌悪してると思ってない。女性というのは当然、自分たちを敬い、憧れ、尊敬するもんだと思っている人もいます。そして**広告業界の女性も、女性自身をバカにして、自分の首を締めてる。**だから、広告業界の人たちは、まさかここまで多くの人が憤るなんて、想像できなかったのかもしれません。

（…）


広告の企画を話し合う会議室に、女性はそもそも入れない。

いても声が出せない、届かない。私もできなかった。ごめんなさい。

だったら、**お客様である女性に怒られて気づくしかないんです。**

悲しいけれど。

それが今回のような、女性を応援するために作った広告っていうのが、残念で仕方ないんですけど。

広告屋さんもクライアント様も、少しだけでいいので、世の中にはこれで怒る人々が少なからずいることに気づいて欲しいです。

＊

とてもじゃないけど実名にする勇気はなかったので、仮名にしようと思いました。フェミニズムについてつぶやくので「フェミたん」という名前にしようと思ったのですが、舐められそうなのと、少しでも実態のある名前にしようと、漢字で「笛美」にしました。顔は出せないので、私は黙らないという顔つきのイラストを描きました。顔色はピンクやベージュなどやさしく弱く見える色より、あえて気持ち悪く見える青にしました。

すると予想もしていなかった多くの反響があり、記事のビュー数は最終的には9万件以上になりました。

広報の仕事をしている女性から、「私も男社会で自分の意見が通らず悔しい思いをした」と言ってもらえたり、『82年生まれ、キム・ジヨン』を翻訳した斎藤真理子さんからも「話してくれてありがとう」と返信ををもらいました。

私はひとりじゃないと、発信して本当によかったと思いました。

翌日会社に行ったとき、もしあのnoteを書いたことがバレたらどうしようと、不安で震えていました。勇気を出して同僚に聞いてみました。

「西武・そごうの正月広告が炎上したの、知ってる?」

「え？　何それ?」

その人は私のnoteどころか、例の広告の炎上すら知らなかったのです。業務が忙しすぎて、他の会社や業界の炎上なんて気にしてはいられないのでしょうか。

さて、フェミニストの存在がネット上で確認できたのはいいものの、その人たちはたいてい匿名だったりして、私は見たことのないフェミニストの人たちを内心怖がっていました。でもフェミニストさんの語る家庭や職場での不平等だったり、性犯罪にあって傷ついた経験は、まるで自分が体験してきたことのように感じられました。友達にも同僚にも話しづらい女性差別の話もTwitterでなら言うことができました。日本語でフェミニズムの話ができることが奇跡みたいだと思いました。

よくフェミニストのことを「過激だ」という人がいます。でもフェミニストの人たちが語っている経験は、女子会で話されるような旦那や上司の愚痴とほぼ同じです。ただフェミニストの違うところは、その原因が自分だけの問題ではなく、社会に存在する男女の不均衡にあると気づいて、その問題を解決しようと思っている点です。旦那や上司の愚痴を言うだけの人は何も批判されないのに、それを変えようと行動した瞬間に「過激だ」と叩かれるのはなぜなのでしょうか？

フェミニズムの本も読み始めました。狭いジェンダー関連の本売り場で、フェミニズムの本を買っている自分はどんな風に見られてるんだろう？　怖いフェミニストおばさんに見られているだろうか？　最初はビビりながら買っていたフェミ本も、売り場が徐々に増えてフェアまで開かれるようになっていきました。

『82年生まれ、キム・ジヨン』、『男も女もみんなフェミニストでなきゃ』、『フェミニスト・ファイト・クラブ』、『「ほとんどない」ことにされている側から見た社会の話を。』、『美容は自尊心の筋トレ』、『彼女は頭が悪いから』、『女ぎらい　ニッポンのミソジニー』、『私たちにはことばが必要だ』、『40歳を過ぎたら生きるのがラクになった』、『侍女の物語』、『乳と卵』……。もっと早くフェミニズムの本に出会いたかった。この本たちは、図書館や本屋さんの隅っこで、私たちに見つけてもらえる日をじっと待っていてくれたような気がしました。

フェミニズムの本を開くと、これまで蓋をされてきた女性の言葉が、パンドラの箱を開けたみたいにビュンビュンに飛び出してくるようでした。今まで男性作者によってたくさんの女性が描かれてきたのに、彼らが描いていた女性の姿や声は、ほんの一部しか切り取っていなかったのかもしれません。フェミニズム本は過去の傷を抉《えぐ》り出すこともあり、苦しくて疲れることもありました。実は今でも、疲れないように休み休みしか読めないことがあります。

上野千鶴子さんや田嶋陽子さんなど、ずっと前からフェミニズムを発信してきてくれた方々や、性教育や性犯罪、リプロダクティブ・ライツに関わる問題に取り組んでいるアクティビストの存在も知りました。

現代の日本でこんな風に活動してくれている人がいたなんて！

フェミニストの人たちはなぜあんなに嫌われながらも怒ってきたのか不思議だったけど、やっとその気持ちがわかりました。

諸外国のジェンダー格差解消のスピードに日本は遅れをとっており、それと連動するように国際的な地位も落ちている。女性からのSOSは少子化や貧困化などの形で現れているのに、なかなか改善しない。こんなにヤバイ日本を変えるために、フェミニストの人たちは嫌われるの上等で訴えてきてくれたのだ。まるでギリシア・ローマ時代の芸術作品に出会ったルネッサンス時代の人のような気持ちで、私はフェミニズムを発見して行きました。

ちなみにフェミニストになってしまったら、いきなり怖い「妖怪フェミニストおばさん」に変身するのではないかとビクビクしていたのですが、私の外見にも行動にも大きな変化は見られませんでした。

せめて自分の身の回りだけでも、女性差別に対して何かできないだろうかと思い、様々な試みをしました。例えば身近な人の女性差別に気づいたときに、止められないかトライしてみたこともあります。でもピシャッと言い返すことはできず、会議で下ネタっぽい企画が出たときに、「えー、ドン引きですよー（笑）」とかわいく言うのが関の山。いつもの日本人女性らしい小さな行動パターンにはまってしまうのです。フェミニズムとかジェンダーという言葉を出すと引かれるので、できるだけ日常の言葉で話そうと思うのですが、なかなか難しい。

信頼できる男友達に女性差別の存在について話してみたこともあります。

私「日本って女性にとってはまだまだ生きにくい国だと思うんだ」

彼「まあでも一時期に比べたら男女平等になってきてると思うよ」

私「そうかな？　例えば会社で上層部にいる人って男性が多くて、パートさんは女性が多くない？」

彼「あ、たしかにそうかも」

私「男性は奥さんに家のことを支えてもらって出世できるけど、女性はできない。これって女性差別だと思わない？」

彼「でも男性差別もあるよね？」

私「えっ……」

女性の非正規の多さについて話すと、「でも女性の側も男に頼るのを望んでる」。

電車内の痴漢について話すと、「痴女もいる」「冤罪《えんざい》だってある」と返ってくる。彼は「レディースデー」「かかあ天下」「女性専用車両」なども、男性差別と思っているようでした。

「男性が女性を無知だと思い込んで説教をしてくるの、あれマンスプレイニングっていうんだよ」

と言うと彼はすごく困った顔をしました。

「そういうことは公共の場では言わない方がいいよ」

それがまさにマンスプレイニングだと思ったけれど、喧嘩もしたくなかったので、ぐっと飲み込みました。彼はとても性格のよいやさしい男性で、私の話に耳を傾けようとしていました。やさしさとジェンダー意識は、まったくもって関係がないのです。どうやら男性は思った以上に、自分こそが虐げられていて、女性は優遇されていると思い込んでいる。何が彼らをそう思わせているんだろう？　そして私は返す言葉を持っていないのです。

F国男性は意識が高い低いに関係なく、自分たちの男性としての特権を知っており、特権をふりかざさないように、セクハラやパワハラをしないように気を使っているのが伝わってきました。なぜ日本の男性は女性より遙かに恵まれているはずなのに、女性に被害者意識すら持っているのだろう？　根本的に違うのは教育なのかな？　そして教育には、日本という国のスタンスがはっきりと表れているように思えました。

もし日本を女性にとって生きやすい国にしたいならば、国民の代表である政治家に女性が増えればいいんじゃないだろうか。Googleで調べたら、日本の衆議院では女性議員が約10％でした。なんとなくわかってはいたけど、ここまで低いなんてショックでした。家事も育児も奥さんに丸投げしてきたおじさん政治家たちが中心になって、女性政策や子育て政策を回してきたのでしょう。「ダサピンク現象」そっくりのことが、政治でもきっと起きているのです。私たち女性がこの現状に気づいて自分たちを代表する政治家を選ばないと、政治はどんどん女性や子どもに不利になっていってしまう。

フェミニズムに参加してみた

2018年の新年、『週刊SPA！』に掲載された「ヤレる女子大学生RANKING」に、女子大学生のグループVoice Up Japanが抗議の声を上げました。社会人の私は顔も名前も出せていないというのに、山本和奈さんをはじめとする大学生たちが実名顔出しでSPA！編集部に乗り込んで対話する顚末を、手に汗握りながら見守っていました。最終的にはSPA!が「女性をモノ扱いしていた」ことを謝罪し、性的同意について特集を組むなど、すごく建設的な結果になりました。女性の権利を訴えることはクレームやイチャモンではなく、コミュニケーションであり対話なのだと気づきました。それは本来、広告が最も得意とする分野のはず。

ただ見てるだけじゃなく、自分もリアルで何かしらのアクションを起こしたいと思い、女性の権利を訴えるパレードにぼっち参戦してみました。なぜぼっちかというと、リアルな友達とはフェミニズムについて話せたことがなく、パレードに誘って断られるのが怖かったからです。初めての会場に行くだけでも緊張し、初めて会った人たちとプラカードを持ち、コールを叫んだり、街を歩いたりするのは、自分にとってはハードルが高く感じました。友達に普通の声ですら話せないフェミニズムのネタを街の真ん中で大声でコールすることに心の整理がつかなかったのかもしれません。

F国でパレードに楽しく参加できていたのは、社会の空気が温まっていたからなのでしょう。日本ではパレードを見慣れていない人も多くて、沿道の空気からも戸惑いが感じられたし、私自身も戸惑っていたのだと思います。パレードの終わり、心も体もブルブル震えながら帰りました。

いっぽうで参加しやすいと思ったイベントもありました。それは「フラワーデモ」というイベントです。２０１９年初頭に性犯罪の無罪判決のニュースが相次ぎました。中でも当時12歳だった長女に性的暴行を加えた父親に無罪判決が出たニュースには、とてもショックを受けました。日本の性犯罪を裁く法律では、暴力や脅迫などに必死で抵抗したことが証明できなければ有罪にならないそうです。しかもその法律は、女性が男性の付属物だった明治時代から、ほとんど変わっていないというのです。きっとF国の彼女たちだったら、こんなおかしな判決に声を上げただろう。でも自分ひとりでは何もできないし、どうしたらいいんだろう？

そんなときに「花を持って集まりましょう」とTwitterで呼びかけがあり、会社を抜け出して東京駅に駆けつけました。東京駅の行幸通りには花を持った人たちが集まっていました。集まった人々は大声を上げることもなく、性犯罪について研究したり活動している人たちの話や、性犯罪の被害にあった人たちの話に静かに耳を傾けていました。もし自分が話したくなったら話すこともできます。絶対に話さなきゃいけない雰囲気もありません。

デモという名前なのに、静かで優しい空間がそこにはありました。プラカードは持ってても持たなくてもよく、花を持つだけでいいことも助かりました。実物の花じゃなくても花柄のアイテムでもいいとのことでした。プラカードにはパッと見でわかる強いメッセージがあるから、デモ会場に行くまでに人の視線を浴びてしまう。でも花束ならデモ会場に行くまでは、送別会帰りの人っぽく見えるだけ。会場に行けば花束を持った人が集まっていて、参加者同士にはわかるサインになる。花はデモが終わったら、部屋に飾って心を癒せる。そんな安心できるデモにもかかわらず、やっぱり会場に行くときには全身が強張《こわば》ってガチガチ震えていました。

私のフェミニズムへの関心の高まりと連動するように、世の中でもジェンダーに関するトピックが盛り上がりを見せていました。日本のジェンダーギャップ指数が110位から121位に転落したことが大きな話題になり、上野千鶴子さんの東大祝辞（2019年4月）が議論を巻き起こし、東京五輪に向けてコンビニからエロ本が撤去（2019年8月）されることになりました。

#KuToo運動がTwitter上で始まった様子を、私はワクワクしながら見ていました。グラビア女優の石川優実さんが職場でのヒールの痛みをつぶやき、たちまち賛同者が集まって、「靴」と「苦痛」をかけた#KuTooというハッシュタグが大きく広がっていきました。性差別の存在すら知られてない日本社会で、足下《あしもと》という身近なところから女性差別に気づいてもらえるこのキャンペーンはすごくドンピシャではと思いました。数万もの署名が集まり国会を動かして、ついには流行語大賞にまでなりました。

石川さんは広告代理店が何億もかけてスタッフを何人も使ってそれでも成功するかわからないキャンペーンを、たったひとりから始めて国会を動かした。そこにめちゃくちゃ痺《しび》れました。

ところが「女性にだけヒールを履かせるのは性差別だ」という主張に反感を抱いた男性たちが、石川さんを「過激」と叩き始めました。

でも「女性は職場ではヒールを履きなさい」という意見と「女性にだけヒールを強制しないでほしい」という意見とどちらがより過激でしょうか？　他人に何かを強制する方が過激ではないかと私は思います。

女性にヒールを強制する人たちは世の中に確実に存在するのに、彼らは表には決して出てこない。だから声を上げる女性にばかり注目がいって、叩かれてしまうんだと思いました。

ジョンソン・エンド・ジョンソン社が就活生に向けて「#スニ活」というキャンペーンを始めたのは、うれしい驚きでした。革靴を強制せずスニーカーでの就活を推奨する企画で、もし革靴を履かなきゃいけないならバンドエイドを使って靴擦れをケアしようというメッセージになっていました。企業はたしかに#KuTooを認識してるんだ。世の中はちゃんとつながっている。

広告業界の偉い人はよく「イノベーションを起こせ」と言います。私は#KuTooこそがイノベーションだったように思えてなりません。そして広告代理店だって#KuTooと似たようなムーブメントを起こせたかもしれないんです。

でも起こせなかった。なぜでしょうか?

「イノベーションは辺境から生まれる」と広告業界の人は言います。でも実際にはフェミニストの人たちの方がずっと辺境にいて、リスクを取りながらイノベーションを起こしているように見えました。広告代理店は辺境というよりは世の中の中心にいて、新しい価値観を先がけて発信するリスクはとれず、ある程度話題になったムーブメントを取り入れるしかないのかもしれません。

きっと広告業界の中にいる自分は、本当の意味でのイノベーションは起こせないだろう。でもいつかフェミニズム広告を作れる時代にするために、せめてがんばっているフェミニストの人たちを、お金なり声援なりで応援する人になろうと思いました。

「輝く女性」の正体

フェミニストの人たちは、ネット上でとても激しいバッシングを受けていました。彼女たちに絡んでくるアカウントは、なぜか日の丸をアカウント名に掲げていて、当時の総理大臣だった安倍晋三さんを支持している人が非常に多いことに気づきました。

なぜ彼らはフェミニストを攻撃するのだろう？

安倍さんは「すべての女性が輝く社会づくり」を掲げているのに、フェミニストじゃないのかな？　そんな疑問を持つようになりました。

ここで私は衝撃の発見をすることになるのです。安倍首相をはじめとした安倍政権の政治家さんたちの多くが「日本会議」という神道の価値観を持つ保守団体に入っていて、男は外で働き女は家を守るべしという家父長制のジェンダー観を信じているらしいのです。安倍さん自身も過去に女性運動やジェンダーフリーなどの取り組みを、過激だとバッシングしてきた張本人だったというのです。

ちょっと待って、どういうこと？

国民的に人気のかわいい安倍さんが家父長制的なジェンダー観を持っていたというの？　あんなにいい人そうなのに？　女性の権利は向上させたくないけど輝いてほしいってどういうこと？　にわかには理解できませんでした。

「女性活躍」は女性を労働力として活用しようとはしたけれど、女性が働くときに受ける様々な差別をなくそうとする政策ではなかったのです。だから女性の非正規の多さは改善されず、家事や育児も女性がやるという状況は変わらなかったし、女性役員も増えなかった。それでジェンダーギャップ指数は時代に逆行して下がり続けていたのです。そもそも「男女平等」や「女性差別撤廃」という言葉を避けて「女性活躍」というワードを使っていることに、彼らの本当の意図が含まれているような気がしました。

安倍さんは「保守」らしい。「保守」ってなんだろう？　女性に家庭を切り盛りする役目を押し付けたまま、外では非正規で働いて輝けといい、決して男をおびやかさず子供を2人以上産み育てよというのが保守なのだろうか。性犯罪や貧困などのリスクから女性を守ろうとしないのは、本当に「保守」と言えるだろうか？　私は日本の伝統文化や古典が好きな自分を、保守的だと思ってた。でも女性蔑視を貫き通すことが保守なら、私は保守ではないのだろうか？

20代の頃の私は、安倍政権が女性に求める理想を無意識のうちにキャッチして、キャリア、結婚、出産の三つが揃《そろ》った「輝く女性」になろうとした。でも政府は女性を人間として対等に扱わないまま、私たちに産み働き家事をさせ、さらに輝きまで求めた。

それが「女性が輝く社会」というわけか。

女をキラキラなキャッチコピーでおだてて、日本社会の課題を一身に背負わせようとしていたんだね。なんと見事なコミュニケーション戦略だろう。まんまと引っ掛かったよ、私は。

政府の考えは政界だけでなく世の中にまで影響する。安倍さんの支持者がフェミニストを攻撃するのも、その表れかもしれない。フェミニストにからむ男たちだけじゃなく、私の男友達や世間の男性たちも、多かれ少なかれ政府のお偉いさんと似た女性観を持っている気がする。最近では広告コピーにまで、「輝く」という言葉が多用されるようになった。

でも私は国に管理される雌牛じゃない。結婚も出産も、政府に強制されるのではなく、自分で決めたい。「輝け」と追い立てられる雌牛より、輝かなくても安心して生きられる人間でありたい。

政府は国民を洗脳して女性を苦しめる悪の枢軸なのだろうか？

いや、そうじゃない気がする。

そんなおとぎ話みたいなことは現実では起こらない。きっといまの政府の人たちは、彼らの宗教的価値観の許す範囲内で、ベストな女性政策をやったのだろう。私たち市民がそういう政治を選んだのだ。私は「輝く女性政策」というネーミングに期待して、中身や思想をちゃんと知らずに政治をほったらかしにしてきた。でも政治と私たちはつながっている。女性なんて大した存在ではないと市民が思っているから、女性蔑視の政治家さんが選挙で選ばれてしまって、だから女性にとって生き辛い世の中になってしまったんだ。

政治家目線で見れば「女性政策が進んでいない」という、ただそれだけのことなのかもしれない。でも私の一生に一度しかない20代は、もう戻ってはこない。

どんな宗教でも思想でも信じるのは自由だと思う。でも女性蔑視の人を好き好んで政治家に選ぶ必要があるだろうか？　もしも能力が優れているならば、女性蔑視くらいは目をつむるべきなのだろうか？

先輩が教えてくれた「単純接触効果」を思い出した。私たちは何度も目にするタレントや商品を好きになってしまう習性がある。たくさんメディアに出ていて、自分の見せ方もうまい安倍さんになんとなく親しみがわくのは当然だ。きっと安倍さんは本当にいい人に違いない。その証拠に、一度でも安倍さんとごはんを食べに行った人は、みんな安倍さんのことが大好きになっている。きっと私も安倍さんとメシ友になれば、メロメロになっていただろう。

みんなと一緒に安倍さんを好きでいたかった。

なのに、どうして?

まるで自分が非国民になったような気がして、とても怖くなりました。

翌日に出社したとき、私はとてもビクビクしていました。みんな安倍さんのことが好きなのかな? 日本会議のこと知っているのかな? 女性活躍のこと、どう思ってるんだろう? 疑問を持っているのは、私だけなんだろうか?

日本が隠している大きな秘密を、世界中で自分だけが知ってしまった気がしました。世界の秘密を知ったヒーローが人知れず世界を救うストーリーはよくあるけど、自分の身に降りかかった場合は罰ゲームでしかありません。安倍さんが男女平等に反対してるなんて都市伝説みたいな話、誰が聞いてくれるだろう? 行き遅れBBAの誇大妄想と言われるのがオチだ。

しばらくたったある日、昼休みに街を歩いていると、大通りの向かい側に「日本会議」

と書かれた旗が見えました。娘や孫がいそうな、いたって普通のおじいさんが拡声器を持ってスピーチをしていました。「日本会議」は都市伝説じゃなくて、私のすぐ近くにいたんだ。もしかしたら過去にも通りがかっていたかもしれない。なのに忙しくて気づくこともできなかった。「見える」と「気づく」は、こんなにも違うのか。

日本会議のおじいさん、どんな思想や宗教も、信じることは自由です。でもあなたたちに、もう私の人生を決めさせたりしない。

抜け出せない迷路

フェミニストの人々に影響を受け、なんとか仕事で女性の地位を上げたいと思いながらも、私はこれまでと同じ日常の業務を続けていました。つまりジェンダー平等をどう伝えるか考えるより、化粧水のうるおい成分をどう伝えるかというお題に何十倍も時間をかけていたということです。

苦しかったのは、自分が作る企画のジェンダー意識が、相変わらず昭和の家族観のままだということです。私の作る企画では相変わらず「娘さんを僕にください」だし、女の子は彼氏に「好きだからあげる」し、「家族の絆」を理由にお母さんは自己犠牲をし、サラリーマンは父親の責任を果たさず「男ですいません」と言いながらやんちゃしている。そんなお父さんに冷たかった女子高生の娘は嫁入り前に「お父さん、ありがとう」と感謝している。そしてお母さん以外の中年女性は表舞台から消える。

なぜだろう？

私の広告の技術が足りないというのはある。広告は一瞬しか見てもらえないからスピード勝負だ。変に頭を使わせずにスッと入ってくる設定となると、古い性的役割分担になってしまう。もし隠れメッセージとしてお父さんに家事をさせるとか、性的役割分担を変えようとするにしても、スタッフ全員がその意図をもっている必要がある。

日本語の広告の歴史が、男性目線の思考回路で作られてきたことも大きいだろう。私は10年以上にもわたって、男によしとされてきた名作広告を繰り返し見ては、身体の中に染み込ませてきたんだ。別の思考回路を作るにはしばらく時間が必要だろう。

社内打ち合わせでフェミニズム溢れる企画を出すとすれば、かなり丁寧に説明しなければいけないし、下手したら会議室の男性たちに白い目で見られ、笑われることはバカでも想像できる。女性にだって「日本では早すぎる」とたしなめられるだろう。

クライアントはブランドイメージを下げるのを心配するから、女性差別を告発するようなネガティブなメッセージは好まないだろう。でもポジティブにフェミニズムを訴求することだって可能だ。フェミニズムをテーマにしないまでも、最低限ジェンダーに配慮して広告を作るだけでもいい。

どちらにせよクライアントも広告代理店も、ジェンダーを勉強することが必要だろう。なんとなくいい感じにやっちゃうと、西武・そごうみたいに炎上しかねない。でもみんなただでさえ忙しいのに、どこにそんな時間があるのだろう？


海外の広告業界ではAlwaysという生理用品ブランドの「LikeAGirl」というフェミニズムバリバリの企画が絶賛されていて、日本でも話題になっていました。でもそれで女性が社会から受ける抑圧のことを話したり、ジェンダーを企画に取り入れようという空気にはなりませんでした。

なぜだろうか？

日本人クリエイターは英語がわからない人が多いから、海外からの生の情報が得られないというのもあるだろう。彼らは日本は男女平等だと信じていて、まさか自分が女性蔑視なんてするわけないと思っている。奥さんに苗字を変えさせ家事育児を丸投げし、女子社員に「お前は女を捨ててる」と軽口を叩いている男性クリエイターさえ、それが女性蔑視だという自覚がまるでないのだ。

東京オリンピックが来たら、海外から日本への注目が高まるらしい。これは絶好のアピールチャンスと、広告業界は日本のいいところを見せるべく浮き足立っている。でも2019年日本のジェンダーギャップ指数は121位だ。これは世界の人にどう映るだろう？外国人でクリエイティブ業界にいるような人は、ジェンダー問題に敏感な人が多いけど、このままの路線で行くのだろうか？　クリエイティブなど見えるところだけでも多様性を表現するのだろうか？　とんでもない女性蔑視の国だと表現に漏れ出てしまわないだろうか？

広告におけるジェンダー表現について書かれた治部れんげさんの著書『炎上しない企業情報発信――ジェンダーはビジネスの新教養である』を読んで感動し、勇気を出して会社に持って行きました。会社にこんなタイトルの本を持っていたら、怖いフェミニストおばさんに見られるだろうか？　この本に書いてあることを同僚に話したい。どうすればジェンダーに配慮した広告を作れるのか。ジェンダーの視点を持てば世の中の見え方をガラリと変えることができる。クリエイティブにとって危機ではなくチャンスですらあるのに。「コピーは新しいものの見方を発明することだ」というけど、フェミニズムも新しい世界の見方を発明したんだよ。大がかりなセットを組まなくてもタレントを起用しなくても、ジェンダーロールをズラすだけで斬新な企画になる。フェミニズムって、日本社会にも広告クリエイティブにもブレイクスルーをもたらしてくれる存在なんだよ。何より今この瞬間に、職場や家庭で苦しんでいる女性を、少しでも楽にできる考え方かもしれないんだよ。

でも誰にも話せない。

きっと袋叩きにされるか、笑われるかだ。

男性の大御所クリエイターが「ジェンダーが新しい世界の潮流だ！」と提唱したら、みんなある程度は耳をかすんだろう。なぜなら大御所さんの話は、自分の成功に直結するような予感がするから。でも私はみんなにとっては格下のバカっぽい女性クリエイター。誰が話を聞いてくれるだろう？

そもそも広告業界って女性の登用は進んでいるのかな？　ためしに自社の役員を調べると、案の定、男性がずらりと並んでいました。女性役員はとても少なく、クリエイティブ部門の女性リーダーはゼロではないにしろ、かなり少ないことがわかりました。

毎年優れたクリエイターを紹介する「クリエイター・オブ・ザ・イヤー」は男性ばかり

が受賞していました。第1回の1989年から男男男。初回から今まで、見わたすかぎり、男だらけ。

現実に打ちのめされ、私は頭を抱えてしまいました。この光景を見るだけでも、広告業界はあからさまに男性中心のホモソーシャル。おじさんたちは口では男女平等と言いながら、行動ではしっかり女性を排除してきたんだ。いつも現実はそこに見えていたのに、私が自分ごと化してなかっただけ。「見える」と「気づく」は全然ちがう。

仲間を探そう

いきなり打ち合わせでフェミニズムネタをぶっ込むより、まずはフェミニズムをわかってくれる仲間を作るのはどうだろう？　きっと女性なら、男性中心の広告業界の生き辛さを理解してくれるはずだ。

女性のクリエイターの先輩にジェンダー問題について話をふってみました。

「F国で気づいたんですけど、日本の広告業界って女性にとって生き辛くないですか？」

そしたら彼女は言いました。

「うちは男女平等だと思う。他の会社より男女関係なく評価してもらえている」

え⁉

鳩が豆鉄砲を食らったような顔になっていたと思います。

ちょっ、待て、待て、女性の役員も管理職もめっちゃ少ないのに？　いつも男性からマンスプレイニングされているのに？　目の前でセクハラされている女子社員がいるのに？　広告業界では女性蔑視があまりにも当たり前すぎて、気づくことさえ難しいんだ。でも私だって海外の広告イベントで「うちの会社は男女平等だと思う」と胸を張って言っていたじゃないか。インドネシアの女性はちゃんと自覚していたというのに。心に大きな穴を打ち抜かれたまま、すごすごと退散するしかありませんでした。

その後も女性のクリエイターの後輩に「広告クリエイティブは男性中心で辛くないか」と聞いてみたのですが、反応はいまいち。そんなことより、今年の賞をとること、来年の賞に応募する作品を作ることの方が、クリエイターには切実な問題なのです。

別の部署で働く女性の同僚には、「それはうちの会社の問題じゃなくて、社会の問題だよね」と言われました。

彼女の言う通りで、どうせどこの会社に行っても似たような状況なのでしょう。弊社も競合他社もジェンダー問題を考えるどころか、むしろそれを無視した企画の方がかっこいいと思っているようです。

結局、社内で理解してくれそうな女性は見つかりませんでした。

フェミニズムって何のためにあるんだっけ？　いま幸せな人の気持ちをぶち壊すためにあるんだっけ？　いま困っている女性が少しでも楽になるために、いま困ってない女性が万が一崖下に落とされたときのためにフェミニズムはあるんじゃないだろうか。じゃあ、どうすれば話を聞いてもらえる？　フェミニズムを理解してもらうには途方もない時間がかかる。成功に向かって走る競走馬のようなビジネスパーソンに、急ぎではないし金にもならなそうなフェミニズムを話すなんて、あまりにも難しい。

F国人や先進国の人が助けてくれないだろうかと何度も妄想しました。F国人が日本政府のアドバイザーになってくれて、女性差別を解消するための対策をしてくれたらいいのに。日本人は自国の女性の意見は聞かなくても、欧米人男性とかには耳をかすような気がする。でも自分たちの国にだって問題が山積しているのに、なんでわざわざ日本の女性差別を解決したいと思うんだろう？

最終的にはやっぱり日本人がなんとかするしかないんだろう。

めんどくさい。どこから手をつけていいのかわからない。ポテチ食って寝たい。

まず世論を変えるしかない

よく妄想するのです。広告会社が本気を出せば、日本女性の地位は秒で上げられるのに。もし億単位の予算があれば、フェミニズムの超巨大キャンペーンが作れる。人気のタレントさんを惜しみなく使って超一流のクリエイターを起用して、テレビでもネットでも大量に広告を出稿すれば、日本の女性蔑視なんて一瞬で認知され、解決できるかもしれない。クリエイティブには社会課題を解決する力があるのだから。

笑える、絶対に無理。

広告代理店が日本をコントロールしているという人たちが多くいる。でも私に言わせれば、世の中が広告代理店をコントロールしているんだよ。広告業界で働く人たちがどれだけ世の中の顔色を気にしてインスタやTwitterを覗き込んでいるか。

フェミニズムやジェンダーにまつわる広告を作りたければ、

1、世の中の人たちがフェミニズムに関心を持っていることがすでに証明されている。
2、広告代理店の中にフェミニズムを理解し、うまく料理できる人が存在する。
3、クライアントがその提案を受け入れる度量がある。

という条件が揃っていなければいけない。

しかもフェミニズムなんておじさんが支配する日本のビジネス業界で理解されるには難易度が高すぎる。よほど世の中で無視のできない存在になるまで、企業も広告代理店もフェミニズムに手をつけられないだろう。一部の感度の高い人が好きなだけでは足りなくて、「キャズム越え」してた方がいいだろう。莫大なお金のかかるマスメディアは使えないから、主に口コミだけでフェミニズムをメジャーに押し上げていかなきゃいけない。私たちはもう変わったんだと、新しい生き方がしたいんだと、企業や政治に証明していかなきゃいけない。

でも今は孤独だ。

この先進的で完璧なビルの中には、フェミニズムなんてノイズは存在してはいけない。女は若くて綺麗でニコニコしていればいい。男性にとっては価値の微妙な中年女の怒りなど、家父長制テイストの夢や憧れを作り出す場所には置きどころがない。

私は仕事が手につかなくなってしまいました。戦場のような業務スペースにいるのが辛くて、トイレや図書室に逃げ込むことが増えました。この世界の秘密を知って、それに知らずに女性が辛い思いをしているのに、何もできない。あと何年たてば多くの女性にフェミニズムを知ってもらえる？　それまで私は家父長制の幸せをプロモートする広告を作り続けるのだろうか？

正直もう気持ちが持たない。だってこの日本社会で女が男に勝つのは無理ゲーだし、それでも上を目指そうとするなら多大なる犠牲が必要だと知ってしまったから。しかも「自己責任」で。マジでやる気が出ない。得意だった努力はどこに行ったのか。今の自分はまるで原油まみれの海にいる鳥みたい。羽の隅々まで真っ黒い油が絡み付いて、自由に飛ぶこともできなくなっている。この業界が変わるまであと何年かかるんだろう。それまでじっと我慢するの？　もう「生きていてごめんなさい」なんて、1秒だって思いたくないのに。

脱出

疲れ切った心に蹴りを入れるように、例の声が聞こえてきました。

「どうした、何を怠けてるんだ？　立ち止まっている場合か？　もっと女を磨け、おしゃれになれ、華になれ、お高くとまるな、キンピラを作れ、いつも笑顔でいろ、しゃべり方に気を付けろ、いい男を捕まえろ、もっと上位の男に愛されろ、はやく結婚しろ、とっとと子供を産め、お前のせいで少子化が進んでいる。お前のせいで若者が地方から流出している。なぜ地元を捨てたんだ。高学歴な女は引かれる。もっと慎ましくしろ。愛されろ、新しいことを学べ、最先端のことをしろ、広告賞をとれ、今年とったなら来年もとれ、もっともっと成長しろ。残業で疲れてる場合か。24時間仕事のことを考えろ。女であることを言い訳にするな。その悩みを乗り越えて、世の中をあっと言わせる作品を作れ。輝いてみろ。さもなければ生きている価値などない」

私の若さや心や肉体や卵子を搾り取って無駄なく活用しようとする、「生きていてごめんなさい」と思わせる、あの声が聞こえてくるのです。その声はオリンピックを開けとか、国民は一丸となれとか、別の大きな声にもつながっている気がしました。

「もう無理です。疲れました。がんばりたくありません。輝かなくていいです。新しいことをしたくありません。賞もとりたくありません。男にニコニコ&ペコペコして頭ポンポンされなくていいです。そっとしておいてください。産めよ増やせよ輝けよと言うけど、私の気持ちはどうなるの？　人間だから疲れるし傷つくし年もとるんだけど、私のバイオリズムは置いてけぼりですか？　ボロボロにならないと輝けないというなら、私は輝くことに適した人間ではありません。男としても女としても出来損ないのままでいいです。でも世の中そんなに完璧な人間ばかりですか？　出来損ないなのは私ですか？　それより人間をあまりにも簡単に出来損ないにしてしまうこの社会のせいではありませんか？」

とうとう私は恥ずかしい弱い根性のない自分を、認めざるを得なくなりました。そうでもしないと壊れそうだったからです。

結局、あれほど憧れた広告クリエイティブの第一線から退くことになりました。崖にしがみつくように摑んでいた夢から、とうとう手を離してしまいました。その経験はあっけないほど簡単で、今まで自分がどれほど激しい下降気流に抗いながら上に上に登りつめようとしていたのか気づかされました。むしろ下降気流に身を任せて流されてく方が、女性として祝福され許されている気がしました。

「女の人は上なんか目指さなくてもいいの。男の人に難しいことは任せて、ついて行く方が正解なのよ」

いつか小料理屋の女将《おかみ》さんに言われたセリフが脳内再生されました。

なぜ女性が結婚したり子供を産んだりして仕事を辞めるのか、やっと理解できた気がしました。だってその方が楽だし、その瞬間は安心感を得られるから。

だけど私の場合、夫のためでも、子供のためでもなく、弱い自分を生かすためだけに撤退したのです。

会社の近くにきてくれた友達と久しぶりに会い、もう広告クリエイティブはやらないという話をしました。私がずっとクリエイティブに情熱を持ってやってきたことを知ってくれている彼女は、その判断を否定することもなく聞いてくれました。

私たちは、キラキラ輝く会社のビルを見上げました。

でもそのビルはもはや自分を輝かせてくれるシンデレラのお城ではなく、まるで目の前にそびえ立つ巨大な壁のように見えました。

「大きいなあ。なんだか越えられない大きな壁みたいに見えるよ」

彼女は意外なことを言いました。

「いや、壁は強いようでもろいよ」

「フェミニスト」って言ってみた

最後になって吹っ切れたのか、女性の同僚にダメ元で広告業界での女性の生き辛さについて、話してみることにしました。

彼女は「私はフェミニストじゃないけど……」と前置きした上で、自分が広告業界で女性として感じてきた疑問を話してくれました。

この人はフェミニストを知っている！　フェミニストという人種がどんな意見を持っているかまで知っている。でもいまの日本にはまだ女性が自分のことを、フェミニストって言ったらまずい空気があって彼女はそれを感じているんだ。

F国で私はフェミニストになる必要はなかった。まわりにフェミニストがいて、既に女性が生きやすい社会を作ってくれていたからだ。でも日本はそうじゃない。たとえフェミニズムに気づいても多くの人が隠れフェミニストになっている。もし私が「フェミニスト」だって言えば、いま目の前の空気だけでも変わるかもしれない。

腐っても広告屋さんだから、世の中で何がウケるか、ウケないかはわかる。「フェミニズム」や「フェミニスト」という言葉を使わない方が今の日本では正解なのだろう。それでも誰かがボールを投げなきゃいけないんだ。そのボールは辺境からしか投げられない。きっと女性からしか投げられない。フェミニズムという言葉を知る前と後で、自分の世界はひっくり返るほど変わった。遠回しにするより、ズバッと言ってしまった方がいい。この人は私のことをずっと知ってくれているから、私がいきなり「妖怪フェミニストおばさん」に変身しても受け入れてくれるかもしれない。万が一嫌われても、もう仕事で絡むことはないし、失うものは何もないはずだ。この世界にフェミニストというクリーチャーは当たり前に存在して、それは目の前にちゃんといることを見せたい。今がそのチャンスだ。

「あ、私フェミニストですよ〜（笑）」

はじめて自分をフェミニストだと声に出して言えました。相手がどう思ったかはわからないけど、言ってしまえば何のことはありませんでした。

もっと早く言えばよかった。

韓国のフェミニストさんが言ったという言葉を思い出しました。

「行動を起こした結果、たとえ社会が変わらなかったとしても落ち込まないでください。あなた自身が変わったのだから」

私は広告クリエイティブを変えることはできなかった。それどころか変える前に力尽きてしまった。だけどフェミニズムを知って自分自身を変えることができた。

それだけで十分じゃないか。

おじさん社会への逆襲

アベノマスク・お肉券・GoTo

２０２０年の春。

新型コロナウイルスの感染が拡大し、スーパーとドラッグストアからトイレットペーパーとマスクが消えた頃、私はひとり暮らしの部屋で在宅ワークの日々を送っていました。広告代理店のクリエイティブという第一線からは退いたものの、相変わらず細々と広告を作る仕事はしていました。

広告クリエイターとして世の中を変えることはできなかったけど、すべてを諦めたわけではありませんでした。今はまだ企業がジェンダーを意識した広告を作るほど世論が温まっていない。だったら自分が世論になって、フェミニズムを盛り上げることはできないだろうか？　そんな気持ちでTwitterで細々とフェミニスト的な投稿をしたり、フェミニストを応援したりしていました。夢と地位は手放してしまいましたが、心だけは驚くほど自由になり、匿名アカウントだとしても、少しずつ言いたいことを自由に言えるようになっていました。

リモートワークさせてもらえることに感謝して、スーパーとドラッグストア以外には外出しないよう心がけていました。毎日のランチを自分で用意して皿を洗うのが地味に大変で、会社のコロナ対応で仕事量も増え、家にいても気が休まらずにストレスが溜まっていました。

小中高校が一斉休校になったときは、ママの同僚や友人から困惑の声が聞こえてきました。独身の私でさえ自分の世話で手一杯なのに、もしここに小さな子供がいたら働けるだろうか？　#旦那デスノート　に書かれているような父親は、コロナ禍で家事をするようになるんだろうか？　世のお母さんたちは一体どうしているんだろう？

私の会社の近くにあった飲食店は無事だろうか？　飲食店だけじゃなくライブハウスやクラブも、ちゃんと補償がしてもらえたらいいのだけど、小さな個人店はかなり厳しいんじゃないだろうか？

ニュースでは医療関係者やその子供への差別が話題になっていました。自分が病気になって助けてくれるのは医療関係者の人たちなのに、よく差別なんてできるなぁ。介護福祉士さんや保育士さんも、リモートワークなんてできない。感染が怖くても出勤しなくてはいけない。保育園は人が密集するし、子供は大人しくマスクなんてつけてくれるかな？お年寄りは重症化しやすいというけど、もし介護施設でコロナ感染者が出たら、働いている人たちの責任にされるのだろうか？　飲食のバイトで食いつないでいる学生はシフトが減り、学費が払えずに風俗で働く女の子も増えるかもしれないと言われていました。でもその風俗でさえ客足が途絶えて、儲けられなくなっているそうです。

家にいる時間が増えると、子供への虐待や性犯罪が深刻化するそうです。誰もが安心して家にいられる家庭なわけではありません。家にいられない子供を狙った性犯罪も増えるそうです。SNSで #家出 で検索すると、たくさんの少女たちの投稿や彼女たちに群がる男たちが観察できます。

DVの崖、子育ての崖、お金の崖、性犯罪の崖。

女の人を待ち受けている様々な崖がすぐそばまで迫っているような気がしました。

日本はこれからどうなるのだろう？

タイムラインにニュースが流れてきます。

「アベノマスク」が世帯に2枚配られ、466億円のお金が使われるらしい。たしかにマスクを求めてドラッグストアに行列はできていたけど布マスクならば自分で作ることもできるし、わざわざ配布する必要ってあるのかな？

お肉券・お魚券が配られるらしい。畜産業者を救う必要があるのはわかるけど、和牛を買えるくらいお金に余裕がある人をサポートすることが解決策なのだろうか？

国内旅行振興のために1・7兆円が使われるらしい。日本はインバウンドで盛り上がってたから、旅行業は大打撃だと思う。でも290円の弁当を買えない人もいるのに、どうして3万円のホテルに泊まる余裕のある人に1・7兆円も使うんだろうか？

どうしてこんな不思議な企画が次々と出てくるのだろう？


「ダサピンク現象」のことを思い出しました。残念な案が通ってしまうのは、たいてい組織に何らかの原因がありました。パワハラだったり恐怖政治だったり、お客様が見えていなかったり、何かが機能していないことが多いのです。

もしかしたら、政府の中って私が思っている以上にゴタゴタしている？

世の中の声が聞こえてないのか、聞こえてても反映できない理由があるのか？　パン屋がパンをちゃんと焼いてるかなんて心配しないのと同じように、プロの政治家がちゃんと政治してるかなんて、今まで心配したこともありませんでした。安倍政権が女性差別的であることは気づいたけど、さすがに他のことはちゃんとできていると思っていたし、危機管理能力はあるだろうと思っていました。

だけど本当にそうだったんでしょうか？


安倍政権の支持率は40％台で、こんなことがあっても依然高いままでした。テレビのニュースでは安倍さんが優しそうなおじさんのように映っていて、追及する野党の議員はうるさい鬼みたいに見えました。

心理学を教えてくれた先輩の言葉を、またしても思い出しました。

「人間は繰り返し接するものを好きになりやすいんだよ。心理学では単純接触効果っていうんだ」

そう、テレビで取り上げられれば取り上げられるほど、安倍さんを好きになってしまうのは当然だ。安倍さんの安定したビジュアルにやわらかい声、安倍マリオ、桜を見る会での芸能人との集合写真、昭恵さんの晴れやかな笑顔。

ダメだ、とても嫌いになれない。

「女性活躍」政策の正体を知ってしまっても、新型コロナ対応にあきれていても、安倍さんを憎むことなんてできませんでした。

アベノマスクを批判するニュース記事のコメント欄には「安倍さんもがんばってる」「文句を言うな」というコメントがあふれています。

テレビのコメンテーターも「日本人は自分の権利ばかり主張するようになった」と発言していました。有名なコピーライターの糸井重里さんも「責めるな。じぶんのことをしろ」とコメントをしていました。

政治に意見を持つなんて、私がおかしいのだろうか？　私は自分の仕事もして家事もしながら政治に意見を持ってる。それもいけないことなんだろうか？　じゃあ政治が自分に合わないときに、どうやって意見を言えばいいの？

やっぱり世論を変えなくちゃ。世論が大きくなれば、政治も無視できなくなるはずだ。でもいちばん認知を拡大できるマス広告は、お金がなくて一般人には使えないから、口コミで。家族や友達に政治の話をして少しずつ広げていくしかない。

でも友達に政治のこと話してみたくても、気まずい空気ができ上がっていて、ポジであれネガであれ政治の話なんてできそうもない。もしかしたら友達も「安倍さんもがんばってる」と思ってて、友情が壊れるかもしれない。怖くてとても言い出せない。

どうすればこの重い空気に風穴を開けられる？　4月3日、政府は一世帯30万円の現金給付策を打ち出しました。コロナで仕事がなくなって世帯主の収入が下がったときに、30万円が給付されるそうです。でも共働き家庭が専業主婦家庭より多い今の時代、「世帯主」が一番の稼ぎ手だなんて言えるんだろうか？　女性が世帯主からDVを受けている場合、お金はどうやって受け取れるんだろう？

誰に対してターゲティングするかで、企画のアウトプットは変わります。政府ってもしかして「昭和な家族」しか頭になかったりするのかな？　クレヨンしんちゃんやサザエさんやちびまる子ちゃんみたいな、お父さんが稼ぎ頭で、お母さんが専業主婦またはパートで子供が2人という家族。まるで広告で描かれるような素敵な家族。

そう、広告。

広告には暮らしの惨めさは描かれない。理想とか夢とか「ハレ」の部分しか描かれない。ワンオペで髪を振り乱したお母さんも、夫からDV被害にあってる女性も、仕事を解雇された非正規の女性も、神待ちしてる女の子も、私みたいな独身子なし30女も。

そういう映えない存在は、広告の世界には存在しないことになっている。おいしい国産和牛や楽しい国内旅行や、「ちょっといい日常」みたいなものはたくさん存在するけれども。広告を作っているといつの間にか、世の中は強い美しいものしか存在してはいけないような気になってしまう。

でも広告と政治はちがう。

広告は幸せな人を描けばいいけど、政治はそうじゃないよね？　この社会で弱さを背負わされている人をまっさきに守るのが政治なんじゃないの？　いま強いと思っている人だっていつ弱者になるかわからないのだし。

政府は「ハレ」の最高峰である東京オリンピックを延期しないと言っているけど、「ケ」の部分が揺らいでいるこの瞬間に無理してやることなの？

おじいちゃん、ねえ、どこ行くの?

運動会? もう無理して運動会はやめときなよ。

流行病で大変なんだし、そもそも本調子じゃないんだから。

え? 和牛を食べさせてやるって? そりゃ和牛食べたいけど、いまそれどころじゃなくない? まずは安全に暮らしたいし、仕事もコロナの影響を受けるかもしれないんだよ。

え? パーッと国内旅行に行こうって? 移動したらコロナが広がるかもしれないのに、なんでいま旅行なのおじいちゃん。旅行業界の人が困ってるのはわかるけどさ、うちらのポケットマネーだけで、どこまで旅行業界をサポートできるのよ。こういうときこそ政府が補償をするべきなんじゃないの?

え? 人生つまんなくなるって? いや、そりゃ楽しい方がいいけどさ、いまこの瞬間は面白さとかより、普通に暮らしたいだけなんだけど。そもそもいま普通の暮らし自体が贅沢になってるからね。

それより運動会行っちゃダメだよ。命あってこその旅行だしグルメだよ。

おじいちゃん、ダメだって。

どこに行くの? おじいちゃん。

新型コロナ疑惑

日曜日の夜、部屋で筋トレをしていると、とつぜん妙な悪寒がして、体がズドンと重くなりました。なんとか歩いてベッドに倒れ込みました。まさかと思って熱を測ると37・5度。ただの微熱でしかないのに、なんでこんなに体が辛いのだろう?

一晩寝たら治ると思って、その夜は7時に寝ました。

翌朝は仕事でしたが、やっぱり体が重くて起き上がることができず、職場に連絡してお休みをもらいました。胸が針で刺されるようにチクッとし、午後にはお腹を下しました。夜になると熱が上がり、身体中がチクチクし始めました。

ネットで「新型コロナ　症状」で検索して、自分は当てはまるのか必死で探しました。新型コロナだとしたらどこで感染したんだろう?　当時、37・5度以上が4日以上続いたらPCR検査が受けられるという話がありました。私はあと2日待たなければいけません。Twitterで「#コロナ疑惑」「#コロナかも」で検索すると、似たような症状の人がたくさんいるのが見えました。でも私より辛そうな人でもPCR検査はしてもらえていないようでした。コロナ患者の濃厚接触者でなければ検査してもらえないようです。

緊急事態宣言が出され、みんな自宅で過ごしているのか、いつもよりTwitterのタイムラインが活発に感じられました。タイムラインに首相官邸に意見を送れるという投稿が流れてきました。そうだ、私は今まで自分の思ったことを政治家に伝えるということをしてこなかった。ただSNSで投稿しているだけでは、フォロワーさんは見てくれても政治家には届かない。企業がお客様の声を聞くためにインタビューをしたり口コミを分析したりするように、政治だって市民の声を聞くし、そのためのご意見フォームが用意されているんだ。

政治家だって「あなたの声を政治に届けます」と演説で言ってるじゃないか。私に足りなかったのは、政治家とのコミュニケーションだったんだ。なんでこれまでの人生で気づかなかったんだろう。さっそく首相官邸のHPから「PCR検査を誰でも受けられるようにしてください」とドキドキしながら意見を送りました。

翌日起きると、昨日より体が辛くなっていました。友達グループにLINEをすると、みんなまだ普段どおり通勤しているようでした。

「もし感染しても保健所はパンクしてそうだし、病院によっては診療が断られることもある。みんな、健康を大切にしてね」と伝えました。

「厚労省の言う4日以上待たなくても電話してみたら?」と友達が言ってくれました。

もうしばらく様子を見ようと思っていたけど、試しに最寄りの保健所に電話してみました。

「うちでは新型コロナの相談は受け付けてないのでこちらにおかけください」

伝えられた番号に電話しますが、つながりません。

時間を置いて何度も電話したけど、つながりません。マジか。検査してもらえないんじゃなくて、電話自体がつながらないんだ。東京中に似たような人がいて、保健所に殺到しているのかもしれない。テレビではＰＣＲ検査を受けている人もいるのに、検査を受けることすら狭き門なんだ。

「個人的なことは政治的なこと」

フェミニズムのワードが自分の現実とガチッとリンクしました。ＰＣＲ検査が受けられないという個人の問題をコントロールしているのは政治なんだ。


翌日もやっぱり体調はしんどいまま。保健所に電話をするも、やはりつながりません。

保健所ダイレクトではなく、最寄りの病院に電話をかけてみました。

電話に出た人は言いました。「先に保健所に電話をかけてもらえませんか?」

「保健所にかけたんですけどつながらないんです」

「でも保健所にかけてからでないと受け付けられません」

もしかして私は社会の厄介者？　そりゃそうだ。医療機関に負担をかけてはいけない。私もかけたくない。でも、この症状のまま家にいるのは不安だよ。

その後、自宅から徒歩15分のところに受け付けてくれる病院を見つけ、なんとか歩いて行って薬をもらうことができました。

久しぶりに街に出ると、近所のお店屋さんのことが気になりました。新型コロナが収束しても街がゴーストタウン化していたら、こんなに悲しいことはありません。今すぐに補償をしてビジネスを休めるようにしてほしい。でも今の私は家にいることしかできません。

それからしばらくの間、起き上がって仕事をできるほど体力は回復しませんでした。足先がキンキンに冷えたり、手が痺れたり、日々新しい症状が出てきます。午前中はよくなったと思ったら、午後は悪くなって一進一退の毎日。Uber Eatsだけが私の生命線となっていました。コンビニやスーパーに自由に行けた日々が懐かしい。

どこにも行けないのでスマホをいじっていると、Twitterのタイムライン上で「憲法改正」という言葉が目に入ってきました。安倍さんは憲法を変えて「緊急事態条項」を設けたいと考えているようでした。緊急事態条項は、戦争や災害などの緊急時に政府に権限を集中させて、国会での議論をせずに国民の人権を制限していいということです。

え、別によくない？　緊急時にチマチマ議論するの、めんどくさいよね？　第一印象ではそう思いました。でも一度自分でメリットデメリットを調べてみようと、YouTubeで緊急事態条項について取り上げたドキュメンタリーを見ました。その番組によると、昔のドイツにあった「ヴァイマル憲法」では、緊急事態条項がナチスに悪用され、独裁政権になってしまった歴史があるそうです。

これは本当なの？　憲法の文章ひとつで歴史まで変わってしまうものなの？　私が心配しすぎ？　ていうか新型コロナひとつのために憲法まで変える？　そこまでする？　法律ではだめなの？　誰かに意見を聞きたい。でもきっと政権支持の人は「改憲は必要だ」って言うだろうし、政権不支持の人は「改憲はとんでもない」って言うんだろう。じゃあ誰を信じればいいの？

誰も信じられないなら、自分の目で確かめよう。Google検索で今の憲法と自民党の改憲案を比較するサイトを見たところ……ビックリしました。ぜひご自身で読んでみてほしいのですが、天皇を日本の象徴から元首にしようとしたり、表現の自由に制限をかけようとしていたり、家族のあり方を国が決めようとする内容になっていました。どんな目的があって、こんな変更をしようとするのだろう？

リアルのSNSアカウントを見たら、みんなが楽しそうにステイホームしている写真がアップされていました。女性に忍び寄る危機のことも、憲法改正のことも、きっとみんな知らないのでしょう。

憲法を変えること自体よりも、多くの人が憲法に関心を持たないまま重大な話が進んでいることが怖くなりました。

テレビの画面には相変わらず、平和な日本が広がっています。ステイホームを楽しむ方法。コロナ禍で伸びているビジネス。あの名店のテイクアウトメニュー。タレントさんがニコニコとリアクションしています。

たまに政治の批判をしたと思ったら、お隣の韓国の政治批判でした。

テレビ、どうしちゃったんだい？

憲法改正って日本の根幹に関わる話なのに、どうしてそれを教えてくれないの？

私が子供の頃はもっと政治の批判ばかりして、こんなにグルメの話とかしてなかったじゃない。あのつまらなかった頃のテレビに戻ってよ。もしかしてテレビって、私たちの目を問題からそらせようとしてる？　ずっと平和なふりをして、みんなが考える機会を奪っているの？

いや、そうじゃない。

私がテレビをこんな風にしたんだ。仕事に忙しくて頭を使いたくなくて、政治になんて興味を払ってこなかったからだ。「もっと政治のニュースを取り上げてほしい」とかリクエストできたはずなのに、そんなこともしてこなかった。だからいざ政治のことを知りたいと思ったときに、知らせてもらえないようになってしまった。


週末の朝、スマホを開くと、なにやらネットがざわついていました。

当時、歌手の星野源さんが自身のＳＮＳアカウントに「うちで踊ろう」という弾き語りの歌を投稿し、「誰か、この動画に楽器の伴奏やコーラスやダンスを重ねてくれないかな？」と呼びかけていました。それに呼応して、多くの一般人や芸能人がコラボ動画を投稿し、ネット上でブームになっていたのですが、あの安倍首相もお茶を飲んだり愛犬をなでたりするコラボ動画を自身のＳＮＳアカウントに投稿していたのです。

ビデオと共にこんな投稿文が載っていました。

「友達と会えない。飲み会もできない。ただ、皆さんのこうした行動によって、多くの命が確実に救われています。そして、今この瞬間も、過酷を極める現場で奮闘して下さっている、医療従事者の皆さんの負担の軽減につながります。お一人お一人のご協力に、心より感謝申し上げます。」

これは誰の企画だろうか？　広告代理店でこんなコンテを出したら、クリエイティブ・ディレクターに「考え直せ」とダメ出し食らうだろうに。なんで通ってしまったの？

残念な案が通ってしまうとき、その組織には何かしらの問題がある。

官邸という組織は、大丈夫だろうか？

安倍さんがTwitterに投稿した動画のコメント欄には、コロナに怯えながら通勤している人々の悲痛な声があふれていました。私も思わずコメントを書き込みました。

「友達と会えないことや、飲み会ができないのが辛いんじゃありません。コロナっぽい症状が続いているのにＰＣＲ検査もしてもらえず、いつまで症状が続くかわからないのが辛いのです。」

するとネガティブなリプライが一斉に集まってきました。

「医療崩壊を起こすつもりか」「安倍さんだって頑張ってるのに」「検査したって無駄だ」「飲み歩いていたんだろう」

どうしてこんな言葉が飛んでくるんだろう？　安倍さんをかばっているのかもしれないけど、ＰＣＲ検査が簡単にできたら自分だって助かるのに。この人たちにはどんな世界が見えているの？

そんな中、あるニュースが目に入ってきました。コロナ禍で危険な法案が審議入りしようとしているらしく、弁護士の団体が反対声明を出しているそうなのです。その法案は「検察庁法改正案」という名前で、黒川弘務検事長という人の定年延長と何やら深い関わりがあるらしいのです。

民主主義やばくない？

なぜ弁護士の人たちは黒川さんという人の定年延長を問題視しているの？　別に定年すぎて働いてもよくないだろうか？

そういえばYouTuberの「せやろがいおじさん」が「政権と検察がズブズブ」というネタをやっていたと思い出し、もう一度見てみました。

安倍政権は２０２０年2月に定年を迎える黒川検事長を、自分の都合に合わせて留任させたそうです。検察官というのは、事件や犯罪を起訴するかどうかを決める職業。総理大臣の犯罪でも起訴することができて、あらゆる権力と距離をとって独立性を保つことが大切とされていて、本来ならば内閣が人事に口を出してはいけないはずです。

「安倍政権の守護神」と言われている黒川さんを、たくさんの疑惑がある安倍政権が検事総長にしようとしているのは、国家公務員法にギリギリ違反しているのではないかとせやろがいおじさんは解説していました。

今回検察庁法を改正することで、政府から検察の人事への介入ができるようになってしまいます。政府が検察の人事をコントロールできるようになれば、検察の独立性も中立性もなくなってしまう。弁護士の人たちはそれに反対していたのです。

学校で習った「三権分立」を思い出しました。

立法権（国会）と行政権（内閣）と司法権（裁判所）は独立していなければいけない。いま問題になっている検察は、司法にあたるんだろうと思いました。でも内閣が司法に介入すれば三権分立が成立しなくなってしまいます。

安倍さんは憲法だけじゃなく、司法も自分の思い通りにしようとしているのだろうか？やさしくてかわいくて校長先生みたいな安倍さん。でもそうしたくなる気持ちはわかるよ。私だって自分の話が通じる人ばかりで仕事がしたいよ。異論を言う人を人事で遠ざけて排除できるなら、その方が楽だし速いしストレスがない。だけどそれって本人に悪気はなくても民主主義を壊してしまってないだろうか？　自由民主党の名前が泣くし、支持者の人たちへの裏切りにならないだろうか？

「ヤジと民主主義」というドキュメンタリー番組がギャラクシー賞月間賞を受賞したというニュースが流れてきました。まさに民主主義のことが気になっていたので、試しに見てみることにしました。番組では、北海道で安倍さんが選挙演説に来ていたとき、「安倍やめろ」「増税反対」と叫んだ市民がたくさんの警察官に取り囲まれて連れて行かれた事件が取り上げられていました。

私は大きな声でヤジを言う人なんて怖いと思っていました。でもヤジというのは警察に連行されるほどの法律違反なのだろうかと気になりました。野球や相撲にだってヤジは飛んでいるのに、なぜ政治家に言うとアウトなのだろう。もっと驚いたのが、プラカードを持って立っているだけの女性でさえ、首相から離れたところに連れて行かれたことです。

彼女のプラカードには、

「年金100年安心プランどうなった？　老後の生活費2000万円貯金できません！」

と書いてありました。

「老後の生活費2000万円貯金できない」なんて、そこら辺にいる人だって会話していることなのに、なぜ安倍さんに見せてはいけないのだろう？　こんなシンプルなプラカードさえダメなら、どうやって意見を言えばいいのだろう？

あの人たちは「公益に反していた」と判断され、公の権力である警察官によって連れて行かれた。警察の方々は誰かの指示に従って、自分の仕事を全うしたのだろう。だけどいったいどんな権力がどんな意図で警察を使って市民を排除したのだろう？

普段の生活では気づかないけれど、政府には大きな権力があるのです。私は「表現の自由」が改憲によって縛られようとしていると心配でした。でも、もう既に私たちの表現の自由は縛られているのかもしれません。検察や警察や、大きな力の前では、個人の運命は簡単に縛られ、握り潰されてしまうのでしょうか？

私は日本の人たちにフェミニズムを知ってもらって、女性がもっと楽に生きられるようになってほしいと思ってました。でもフェミニズム以前に、日本の民主主義がすでに壊れようとしている気がしました。国が独裁になっていくとき、女性差別が蔓延《まんえん》すると読んだことがあります。そうなれば女性はもっと子供を産む機械にされたり、性的に搾取されるかもしれない。

そんなのは絶対に嫌だよ。

連日のようにTwitterのトレンドには「#自粛させるなら金をくれ」「#世帯ではなく個人に10万円給付して」などの政治的なワードが入っていました。

私も勇気を出してTwitterデモに参加してみました。

投稿するテキストを考えて投稿ボタンを押すとき、これ言ってもいいのかな？　くだらないかな？　叩かれるかな？　と迷うことが何度もありました。

そんなとき、作家の栗田隆子《りゅうこ》さんの投稿がタイムラインに流れてきました。

「自分の声なんてどうせ誰も聞いてくれない、声を出しても無駄、そういう風に思わされる経験をいっぱいさせられてきてる人は多い。この日本では。

無理に出せとも言わない、でかい声でとも言わない。でもどうか、声を出したいと思ったら出していいのだと思って欲しい。どんなにかすれ声でも低い声でも」

声を上げるって疲れるし、立派で強くなきゃできない行為に思える。でもこの言葉を見てから、声を上げるハードルがすごく下がりました。たとえしょぼくてもいい。自分の言葉をちゃんと世の中に存在させたい。

連日のTwitterデモが続いていたある日、世帯主に30万円給付が、個人に10万円給付に変更になったとニュースが流れていました。公明党の山口那津男代表が安倍さんに直談判したそうです。どうやら公明党を支持している創価学会の方々の声に動かされたらしいとのことです。

すごい、創価学会の人たちは政治家さんを動かすことができるんだ。

一方で、私が参加したTwitterデモのことはニュースにすらなりませんでした。せっかく勇気を出したのに、虚しい。私がやったことは意味なかったんだろうか？

その夜YouTubeを見ていたら「せやろがいおじさん」が、「政府を動かしたのは世論だ」と言っていました。「批判の声を上げるのは決して無駄じゃない」「パリピばりのコミュ強国家を目指していかなあかん」

そうか、もし私たちが何も言わなかったら、創価学会の人たちも山口さんも安倍さんも動かなかったかもしれない。意見が通るか通らないかはともかく、私たちがこの問題に関心を持っていると示すことは、きっと無駄じゃないんだ。

国会を見てしまった

日々繰り出されるとんでもない施策を見ていると、政治家さんがどのように意思決定しているのか知りたいと思うようになりました。

タイムラインに国会の動画が流れてきたのが目に入りました。そうだ、国会中継を見ればいいんだ。小さい頃におばあちゃんが見ていたあの退屈そうな国会中継を、自分だって見ればいいんだ。YouTubeで検索すると国会を中継するチャンネルがいくつか見つかり、ライブと書いてある動画をクリックしてみました。

ニュースでよく見る茶色くてテカテカした国会議事堂のお部屋。

そこで私が見たものは、原稿を読んでいるおじさんでした。おじさんが原稿を読んで質問し、おじさんが原稿の棒読みで答えている……どうやら質問しているのは政党の人で、答えているのは政府の人らしい。

でもこれは果たして議論なのか？

まるでお芝居の稽古みたいに、台本を読み合わせているようにしか見えない。会社の打ち合わせでは原稿を読まないし、プレゼンも自分で考えた言葉で話す。なのに国会では大臣の後ろに官僚の人たちがいてカンペを用意してあげてる。まるでダメな上司のためにプレゼンの原稿を作ってあげる部下みたいだ。

ニュースで流れている国会とはぜんぜん違う。ニュースの国会はたいてい短く編集されていて、安倍さんも大臣もはうまく話しているように見える。でもノーカットで見ると全然印象が違って、ちゃんと質問に答えられていない。

野党の人たちは、政府の出している案に抜け落ちている点を指摘し、改善案を提案しています。

「ＰＣＲ検査はなぜ少ないんでしょうか？」

「コロナ禍でなぜ病床数を減らそうとしているのですか？　なぜ減らすのに６４４億円の予算がつけられているのですか？」

「コロナ終息後に１・７兆円使ってＧｏＴｏキャンペーンをするというが、そもそもコロナ終息させないと意味がないですよね？」

私が政府の人に直接言いたいことを、野党の議員が質問してくれている。政治家って本当は私が言いたいことを代弁してくれる存在なんだ。いつも意味わからないことをまくし立てている人じゃないのかもしれない。

野党の女性議員（森ゆうこ議員・立憲民主党）が、

「感染の状況が緊急事態宣言（の解除・延長）の要素ということだが、どれくらいの国民がコロナウイルスに感染しているんですか？」

と質問しました。総理をはじめとした大臣たちは誰もその人数が答えられず、国会が静まり返りました。人数を答えられず戸惑っている大臣たちを見てゾッとしました。この国の政府は、感染者の数を把握していないんだ。

私は偉い人が話してることを、疑いもせずそのまま受け入れてしまう。突っ込んでくれる人がいるから、問題点がわかるんだ。野党の人たちは総理や大臣からどんな言葉を引き出すか、戦略的に考えているように見えました。

「野党はだらしない」「野党はモリカケサクラばかり」というけど、はたして本当だろうか？　私の疑問を代弁して、政府に訴えてくれているように見えるんだけど。

検察庁法改正案についても国会で話し合いがされているかもしれない。YouTubeで探してみると、質問の様子が出てきました。若い男性の野党議員（山添拓議員・共産党）が問いかけています。

「検察官は属人的な仕事であってはならないのに、黒川氏にしか任せられない仕事があるのはおかしいのではないか」

「内閣の判断で検事長の人事を決めるのは、検察の独立性を損ねるのではないか。モリカケサクラなど総理自らの疑惑を隠そうとしているのではないか」

それに対してこの法案の担当者であるらしい森まさこ法務大臣が「ご指摘には当たらない」と繰り返していました。

別の動画では女性の議員（山尾志桜里議員・当時は立憲民主党で現在は国民民主党）が質問をしていました。昭和時代の政府が「国家公務員の定年延長は検察官に適用されない」と答弁し、その方針を今まで続けていたというファクトを出しながら、「法的根拠がないのではないか」と質問をしていました。素人目に見ても筋が通った質問だと思いました。でも森まさこ法務大臣は「国家公務員法が当てはまる」と何度も繰り返すだけで、議論が噛み合っていないように感じました。

もしかしたら私の頭が悪いのだろうか？　いや、バカはバカなりに内容はわからないけれど、議論が成立していないことくらいはわかります。こんなにフワフワな話し合いのまま で、三権分立を崩してしまっていいのだろうか？　しかもコロナ禍で大変なときに？

与党と野党の議論を見ていると、広告業界の競合プレゼンのように見えてきました。普通の競合プレゼンではライバル同士が直接対決はしないけど、国会ではそれがオープンにされているのです。ヤラセなしガチンコの人間ドラマ。「半沢直樹」が好きなビジネスパーソンならきっと面白いんじゃないだろうか？　でもディスカッションのレベルとしては一般の会社の打ち合わせの方がまだ議論になっているように見える。だって総理や大臣の答えが、答えになっていないもの。この国会というチームを作ってしまったのは誰だろう？　私たちだ。広告がクライアントの目指す以上にはなれないように、政治も国民が目指す以上になれないんだ。サッカーも野球もラグビーも、サポーターが応援するほどチームのレベルやモチベも上がる。私が国会というスポーツにコミットしてこなかった結果が、この議論になっていない国会なんだ。

なんのために与党と野党がいるのかわからなかった。「だらしない野党」が何にでも反対してプロジェクトを止めるならば、与党だけでいいじゃんと思ったことがある。でもこれはクライアント、つまり国民のためなんだ。ひとつのアイデアをいろんな視点から揉《も》むことで、偏りがないようにしているんだ。街にマクドナルドしかないよりも、モスバーガーもあった方が私たちのハンバーガーライフは豊かになる。マックとモスが競合することで、メリットを得られるのはお客様だ。

野球だってそうなんじゃないか？　巨人しか強くなかったら野球は果たして面白いんだろうか。ソフトバンクや中日など強いライバルのチームがたくさんあるから、野球全体がもっと面白くなって、野球ファンも盛り上がるんじゃないだろうか。

与党と野党が競合するのも、私たちによりよい政治をもたらすためなんだ。いまの国会では与党が過半数をしめていて、数の少ない野党は互角に戦うことができないらしい。その結果、おかしな法案が出てきたり、強制採決されているのかもしれない。だけど野党は、たとえ法案が通ってしまうとしても、反対意見を出して問題提起をしていたんだ。

なぜ野党はこんなに弱いと言われているんだろう？　あの党がいい、あの党がダメというけれど、結局はブレンドの問題かもしれない。今の国会のブレンドは与党が多めで、しかもおじいさんとおじさんの割合が高く、女性はとても少ない。このメンバーの偏りがあのおかしな法案につながっているような気がする。

台湾やニュージーランドでは女性リーダーの手腕が注目されている。もっと女性がいればマシな政治になるんじゃないか。というか女性がリーダーになれるようなフェアな組織は、少なくとも今の日本のおじさん政治よりは健全なはずだ。早く選挙に行って、国会のメンバーのブレンドを決めたい。メンバーたちのブレンドがおかしくなってるなら、選挙でメンバーを入れ替えたり考え直さなきゃ。だって私たちは政治の主役だよ。政治に管理される側じゃない。

政治や選挙の意義について今更ながら気づいたはいいけど、国会では私が納得いく議論もされないまま、ＧｏＴｏキャンペーンの補正予算案が可決されていきました。ＰＣＲ検査が受けられず、コロナ感染を不安に思いながら、それでも家に閉じこもるしかない私の目の前で、１・７兆円が誰かの旅行のために使われていく。２９０円の弁当も買えない人がいるのに、１泊３万円のホテルに泊まれる人のためにお金が使われていく……。

どうして？　政治ってこんなノリなの？

ちゃんと理解していない私が悪いのだろうか？　ちゃんと理解しないと批判してはいけないんだろうか？　憲法改正とか大切なことも、こんな風に決まってしまうのだろうか？

その夜に #安倍はやめろ というハッシュタグがトレンドに上がっていて、たくさんの人が抗議の声を上げていました。私もドキドキしながら文章を考えて、投稿ボタンを押しました。

「憲法改正はやめてください。
コロナ終息後ではなく終息のためにお金を使ってください。
検察官の人事に介入しないでください。
病床数を減らさないでください。
種苗法を通さないでください。
#安倍はやめろ」

私はついに安倍さんにやめろとまで言ってしまった。街頭で言えば捕まってしまうかもしれない、あの言葉を。あの愛されるかわいい安倍さんに、本当はこんなこと言いたくないのに、ついに一線を越えてしまった。エラいことをしでかしてしまった罪悪感に脂汗が出てドキドキが止まりませんでした。

#安倍はやめろ というハッシュタグには「#安倍はやめろとか言ってる奴はバカなのか?」「コロナという国難に批判するな」「安倍さんも頑張ってるんだ」「野党が政権を取ったらもっとひどいことになる」「自分が総理大臣になってから言え」などの大量の批判的なコメントを目にしました。

たしかに国民が一丸にならなきゃいけないのはわかります。でも一丸になって間違った方向に進んでいったとき、どうやって軌道修正ができるのでしょうか？　もし異論を許さないのだとしたら、それってちょっと全体主義じゃない？　声を上げる人の言葉と、それを黙らせようとする人の言葉。賛否両論で嵐のようなタイムラインに心は千々に乱れました。

強烈に昔に戻りたいと思いました。政治のことなんて何も知らなくて、無邪気でかわいかった頃の自分に戻りたい。めんどくさいことは偉い人たちに任せて、何も知らずに仕事や恋愛のことだけ考えていたあの頃の私に戻りたい。こんな風に政治に口を出している自分、男ウケも女ウケも最悪だよ！　でも日本の政治が意外とやばいと知ってしまったら、もう昔のかわいい私には戻れない。

そのとき、こんな言葉が目に入りました。

「#安倍はやめろ
本当はこんなこと言いたくないけど、もう黙っているわけにはいきません」

あ、私と同じことを思っている人がいる。

分断された社会

連日Twitterデモが開かれるようになり、こんなコメントを目にすることが増えました。「せっかくアニメの話が知りたくてTwitterにきたのに、また政治のハッシュタグが上がってる。こんなものは見たくないのに」「安倍さんのことを感情的に嫌っている人たちが騒いでる」「安倍さんはがんばってる。責められてかわいそう」

うーん、そう思ってしまうよなあ。

私も残業で忙しくて疲れていたときは政治のニュースなんてどうでもよかったし、政治に声を上げる人をうるさいと思っていた。でも昔の私に言いたいんだけど、安倍さんを感情的に嫌っているから声を上げてるんじゃないよ？　国会を見て日本のコロナ対策に危機感を覚えたから声を上げているんだよ。

でもその背景を知らない人にとっては、私の声はうるさいだけで、感情的に安倍さんを嫌っているように見られてしまう。政治のことを知らないうちは政治に声を上げる人をうるさいと思い、政治に課題を見つけて改善のために動こうとすると、今度は自分がうるさい嫌われ者になってしまって話を聞いてもらえなくなる。なんというジレンマなんだろう。

イソップ物語かよ。

政治の話を聞きたくないと思ってる人たちは、憲法を変えて天皇を元首にして教育勅語を復活させたいとか思ってるのかな？　いや、とてもそんな風には思えない。きっとこの人たちは安倍さんの持つイデオロギーとかじゃなく、安倍さんの象徴する平和な日々を守りたがっている気がする。

みんなが仲よく波風立てずに、一体となってがんばっていて、そんな私たち生徒を見守っているのが、やさしい校長先生である安倍さん。

安倍政権を積極的に擁護している人たちは、また別の世界に生きているようでした。日の丸の旗を掲げたTwitterアカウントを見にいくと、声が大きい左翼＝外国人が日本の平和を崩壊させようとしていると本気で心配しているのがわかりました。彼らによると、野党はモリカケサクラばかりで、コロナの対案を出さず「だらしがない」そうです。韓国や中国が攻めてくることをとても恐れていて、マスコミは野党の手先だと思っているようでした。安倍政権の支持率は40％台と高いのに、何をそんなに怯えているのだろうかと不思議に思いました。でも彼らは彼らなりに、日本を外敵から守りたいと必死なのでしょう。

一方で政権に批判的な人たちには、まったく別の世界が見えているように思えました。「権力の私物化を許さない」「民主主義の崩壊だ」「日本はもう独裁国家」「マスコミの偏向報道がひどすぎる」

どうしてこんなに政治に詳しいの？　なぜそんなに怒れるし叫べるの？　一体どんな人生を生きてきたの？　彼らは激しい言葉を使っているけど、日本の民主主義を守るために精一杯なのでしょう。彼らが声を上げない日本人に対してイラついている様子も伝わってきました。

「なぜ日本人はもっと怒らないのか」「外国なら大規模なデモが起こっているくらいなのに」「日本人よ立ち上がれ」

きっとこの言葉は、同じ志を持った人には伝わるのでしょう。でも政治に無関心な人はそもそもこのツイートを見ていないし、「なぜ怒らないのか」と言われたところで怒る理由がわからないのでは。私のような強い言葉で叫ぶことはできない政治ビギナーは、「怒らないのか」と言われると、なんだか責められているような気になってしまうのです。

デザインの授業でこんなことを習いました。

「人間は兎《と》にも角《かく》にも安心したい生き物だ。ワクワクしたい、ときめきたい、冒険したいと思うけど、まずその前に安心したい」

いま政治について語る場所は安心できるようにデザインされているんだろうか？ ぜんぜん安心なんかできない。政治に関心を持ったり発言したりするのって、とてもリスクのある行為だ。最悪、友達も仕事も失ってしまうだろう。憲法の「表現の自由」が改正される前から、私たちは表現の自由を諦めさせられている。現に路上で政治について批判したら、警察に連れて行かれてしまう。そんな空気をなんとなく感じ取っているから、私も含め多くの人がリアルではなくソーシャルメディアで匿名で政治について投稿しているのかもしれない。自分ひとりが投稿したって意味がないと、半ば無力感も覚えながら。私が子供の頃はテレビも大人もバンバン政治の批判をしていたのに、いつからこうなってしまったの？

うさぎさん

新型コロナ疑惑の症状はだいぶおさまり、世間はゴールデンウイークに突入していました。親が田舎から送ってくれた物資が届き、Uber Eats だけに頼ることはなくなりました。長く起きているとやはり疲れるのですが、簡単な家事くらいならできるようになったので、放置していた皿を洗い、お風呂に入り、パジャマや枕カバーを洗濯して、少しスッキリしました。

でも政治への不安については相変わらず誰にも話せず、家の外に出て友達にも会えず、とんでもない閉塞感を抱えたまま、インターネットの海を彷徨《さまよ》い続けていました。Twitterで政治を話している人たちは、文字でしか存在が見えてきません。誰か自分以外の人間で、政治のことを話している人間はいないのか？　もしいたら姿を見たい。声が聞きたい。

「Choose Life Project」というYouTube番組を見つけました。政治の番組にしては珍しく、出演者が男女半々になっていて、「せやろがいおじさん」も出演していました。「コロナ時代のメディア　自由の気風を保つために」というテーマのYouTubeライブを、思わずクリックして見ました。「自由の気風」という言葉は、自由に政治の話ができない私が求めてやまないものでした。出演者のジャーナリストの人たちは既存のメディアがなぜ政治の問題点を報道できないのか、という話をしていました。メディアには政権に都合の悪い情報を報道しないようにとお達しが来ているそうです。また記者会見では不都合な質問を受けないように制限され、政権にとって都合の悪い質問をする記者さんは、記者会見から締め出されているそうでした。「平和ごっこ」をしているように見えたメディアの中にも、問題意識を持っている人がいたのです。

でも政治に問題意識を持つ記者たちは、メディアの中では立場が弱いのかもしれないと思いました。もしかしたら私が政治の話を友達にできない空気は、「表現の自由」を規制されたメディアから流れて来ているのかもしれません。

出演者の方が「せやろがいおじさん」に、なぜ政治の話をしてるのに嫌味にならないのか、気をつけていることはあるかと聞きました。

「せやろがいおじさん」さんいわく、沖縄では仲のよい間柄でも基地問題のことを話すのがタブーになっていて、過激な言葉を使わないように気をつけているそうです。例えば「安倍はやめろ」のような強い言葉では問題の「腫れ物化」が進んでしまい、普通の人が語れるハードルが高くなってしまうのではないかと彼は言っていました。

自分も参加したデモだったので心にチクッと痛かったけど、いったんその言葉を受け止めてみました。

あの夜「安倍はやめろ」と投稿したときにわいた罪悪感を、私はいったん無視しようとしました。その罪悪感は自分の弱さから来るのであって、乗り越えるべきものだと思ったからです。だけどその弱さは乗り越えなくてもよかったのかもしれない。たとえ強い言葉を使えなかったとしても、自分の言葉で政治にコミュニケーションをとることはできないんだろうか？

また別の夜、「メディア酔談」というYouTube番組を見ました。『週刊文春』で元近畿財務局職員の赤木俊夫さんの遺書をスクープした記者の相澤冬樹さんと、メディアコンサルタントでコピーライターの境治さんがメディアや報道について語り合う番組です。亡くなった赤木俊夫さんのご家族の雅子さんが夫の死の真相の再調査を求めており、どうすれば世論で政治やマスメディアを後押しできるだろうというお題でトークがされていました。

境さんが興味深い分析をしていました。今まで政治に対して盛んに意見を述べてきた人たち、「アベガー」や「アベガーガー」とネットスラングで呼ばれている人たちは、政治的イデオロギーを巡って激しくファイトしてきた。でもコロナ禍で今まで政治に不満を持たなかった人たち、大人しく草を食べていた「うさぎさん」も政治に疑問を持ち始めている。

「うさぎさん」はイデオロギーではなく、「アベノマスク」など日常のことに不満を持っている。赤木雅子さんの裁判を世論で応援するには、「うさぎさん」のような人たちに、赤木さんのことを知ってもらうべきなんじゃないか？

その話を聞いたときに、ハッとしました。これは広告のターゲティングの話だ。強い言葉は、「うさぎさん」には届かない。でも「うさぎさん」には「うさぎさん」の言葉で語りかけてあげれば伝わるかもしれない。

フラワーデモも#KuTooもそうだった。男社会で萎縮し切って、声を上げることすらおこがましいと思っていた私に、フェミニストの人たちは「女たちよ、立ち上がれ」なんて言わなかった。

花を持って集まるだけでもいいし、ヒールで足が痛いというだけでもいい。弱い私でも最初の一歩を踏み出せるようにしてくれた。

「うさぎ」の私は何がしたいんだろう？　安倍さんをどうこうしたいんじゃない。怒りたくもないし、闘いたくもない。「声を上げる」ほどの勇気もない。いま起きている問題と自分の意思をみんなに知ってほしいだけ。

広告を作るときのように、脳内でオリエンシートが作られていきました。

広告主：私
第1ターゲット：うさぎさん（政治に声を上げてこなかったけど不満を持ってる人）
第2ターゲット：政治家の人たち（国民とのキャッチボールはご無沙汰で、一部のアッパークラスの支持者の声だけ聞いているっぽい）
何を伝えるか：いま起きていること＋それに対する私の意見。
トンマナ：うさぎさんの言葉で話す。

爆発

5月7日、木曜日はリモートワークで仕事復帰の日でした。だるさはもうなくなっていましたが、やはり疲れやすくはなっていました。久々のオンラインミーティングで「病み上がりだからゆっくりでいいよ」と言ってくれる職場の人の優しさが身に染みました。日本の政治が大変なことになっているけれど、テレカンで話した職場の人たちは以前と変わらず平和な日常を送っているようでした。

今すぐ給付金デモのことを話したい。国会でおじさんが原稿を読んでいることや、ジャーナリズムの危機のことも話したい。でもそんなことを言えばうさぎさんには引かれてしまうだろう。

日本は平和な国なのです。国会さえ見なければ。私は仕事中もそわそわして、打ち合わせが入っていない時間にはYouTubeで国会中継を聴いていました。

仕事が終わってスマホを見ると、検察庁法改正案が明日にでも採決されるかもしれないというニュースが入りました。

どうしよう。みんなが緊急事態で政治を見てないときに、このまま法案を通してしまうわけ？　こんなときもステイホームするしかできないの？

5月8日、金曜日の朝、地元の自民党議員2人に生まれて初めて電話をして、検察庁法改正案を止めてもらえるようお願いしました。

秘書さんは平和そうな声で「よく見てますね」と応対してくださいました。温度感が違いすぎる。まるで別の世界を見ているようだ。

私はもっと早く自民党の人たちとお話しすべきだったのかもしれない。ずっと嫌な奴だと思ってた別部署の人と話してみたら、実はいい人だったみたいな、そんな感じがしました。他の自民党議員さんや秘書さんも丁寧に話を聞いてくださいました。こちらが丁寧に話せば、向こうも丁寧に応えてくれるのかもしれません。

夕方、仕事が終わってネットを見ると、検察庁法改正案は野党議員が欠席する中で審議入りし、自民党と維新の会で強行採決されるというニュースが入ってきました。

やばい。心がざわざわしました。

夜になってもマスコミは大々的に報道せず、こっそり隠して採決まで持っていこうとしているように見えました。

まだこの件に関するTwitterデモは始まっていません。みんな他のことで忙しいのかもしれない。だったらせめて自分のまわりの人たちに何が起こってるか知らせようと思いました。きっとみんな検察庁法改正案は知らないし、どうやばいのかも知らないから、まずはそれを認知してもらう内容にしよう。

せっかく自分でハッシュタグを考えるんだから、自分が言いやすい言葉にしたいと思いました。政治に声を上げられない人でもリツイートする敷居を低くしたいなと思いました。それで、燃えるような怒りというより、静かな意志を感じられる表現にしました。このニュースについてまだ知らない人にもわかりやすく伝わるように例え話を出してみました。ひとりぼっちで寂しかったので、バニーの絵文字を入れて行進のように見せました。本当はデモの時間を決めるべきだったけど、いつに設定したらいいかわからなくて、えいやで投稿ボタンを押しました。

「本気で拡散させるぞ！」

なんていう気はまったくありませんでした。

「🐇🐇ひとりでTwitterデモ🐇🐇

#検察庁法改正案に抗議します

右も左も関係ありません。犯罪が正しく裁かれない国で生きていきたくありません。

この法律が通ったら『正義は勝つ』なんてセリフは過去のものになり、刑事ドラマも

法廷ドラマも成立しません。絶対に通さないでください」

最初はいつも仲よくしてくれているフェミニストの方々が、投稿に反応してくださいました。フェミニスト界隈の人たちは、フェミニズムや政治について誰かが声を上げると応援してくれる空気があるんです。個人的にはフェミニストの人たちとその周辺の人たちに知ってもらえれば、それでいいかなと思っていました。

ところがです。

しばらくして、手作りバナーや相関図を作るアカウントさんが出てきたり、政治にアンテナの高いアカウントさん、作家さんやクリエイターさん、さらには野党の議員さんにも、ツイートが広がっているのに気付きました。

まあこれで終わりでしょうと思っていたら、翌日土曜日の午後にはトレンドの27位にランクインしていました。夕方にはあっという間に3位に、夜には1位に。深夜にもその数は増え続け、日曜朝には120万ツイート、150万ツイート、夕方には400万ツイートとこれまで見たこともない数字にのびていきました。

過去のTwitterデモよりスケールの大きな数字になっています。フォロワーさんがマスコミの連絡先をまとめてくれました。自分でも「ぜひニュースに取り上げてほしい」とダメ元でメディアに連絡しました。

深夜になってもどんどん増えていく数字が恐ろしい。とんでもないことをしでかしてしまった。いつもテレビや映画で見ていた芸能人の方々までタグを使ってくれている。小泉今日子さん、秋元才加さん、水原希子さん、大久保佳代子さん、浜野謙太さん、井浦新さん、城田優さん、綾小路翔さん、浅野忠信さん……。広告業界の有名クリエイターさんや、あの糸井重里さんまでもが賛同してくれてる。

翌朝には遂にテレビの報道番組でも取り上げられました。今まで平和ごっこをしてきたテレビがTwitterデモを無視しないでくれた。

ダメ元だと思って投稿したのに、何が起きているのか理解できない。しかも政治を語ってこなかった日本人が、政治を語るという行動変容を起こしている。

みんな、どうしたんだ!!

ハッシュタグをつけた投稿はわずか3日間弱で470万ツイートに膨れ上がって、日本だけでなく世界のトレンド1位にまでなってしまいました。

勢いで投げた小石が巨大な波紋になって私の手から離れていったような気がしました。

新しい出会い

「#検察庁法改正案に抗議します」を最初に投稿した人を取材したいと某新聞社の記者さんが連絡をくれました。どうせ取材はこれで終わりだろうと適当に話したのですが、次から次へと取材が舞い込んできました。

最初はメディアに出ることで身バレするのが少し怖かったのです。でも、もし私がメディアに出れば、あのTwitterデモを始めたのは30代の女性で会社員だと伝わるかもしれない。それはこれまで政治に声を上げてこなかった同世代の女性たちへの強いメッセージになるのかもしれないと思いました。「笛美」という名前は「フェミニズム」からつけました。それがマスメディアを通じて世の中に出回れば、フェミニズムの宣伝にもなるかもしれないし、私のフェミニズムのブログを見つけてくれる人も増えるかもしれない。ひとりでも多くの女性に、生き辛さを感じているのは自分だけじゃないと気づいてほしい。そんな思いから基本的にはどんなメディアの取材も断りませんでした。

5月13日、ドキドキしながら検察庁法改正案の記事が載っている新聞を買いに家を出ました。コンビニに行く途中、国会議員のポスターが民家や商店の壁に貼ってあることに気づきました。政治家は遠い存在じゃなく、私の生活圏に存在したのです。一度気づいてしまえば、あとはもう政治家のポスターばかり目に入ってきます。ボロボロの商店の壁、建設事務所の窓、新しい民家の壁、病院の壁から微笑む、議員さんたちの顔、顔、顔。まるで議員さんたちが街の陣地争いをしているよう。

「見える」と「気づく」はぜんぜん違う。

コンビニで買った東京新聞の社会面には声を上げてくれた著名人の紹介とともに私のコメントが掲載されました。Twitterデモが大手メディアに認知されていることに、驚き感動しました。毎日新聞も検察官の定年延長問題について一面で取り上げてくれていました。

新聞を読んで気づいたのですが、テレビのニュースでは編集されカットされるような情報も、新聞にはしっかり載っているのです。ただニュースの扱いは新聞によってかなり違い、読売新聞を読めば日本は平和だと思えるし、東京新聞を読めば日本はヤバイ国だと思えました。

5月14日には朝日と毎日の一面に「#検察庁法改正案に抗議します」国会前デモが写真つきで取り上げられ、いつものコンビニで飛び上がるほど驚きました。自分は勇気がなくてリアルデモに行けなかったから、Twitterデモをやってみた。それがリアルデモにまで発展して、新聞の一面になるなんて。国会前に行ってくれた人たち、本当にありがとう。

広告の仕事でも自分のコピーが全国紙の一面に載ったことなんてないのに、制作費ゼロ、媒体費ゼロのツイートが新聞の一面になっている。なんという圧倒的な「届いてる」感だろう。

政治もメディアも本当はインタラクティブなんだ。広告は莫大な予算をかけて発信される情報だけれども、新聞の一面ニュースにはなれない。新聞の一面というスペースだけは政治のための特等席としてとっておかれているんだ。なのに私は政治のニュースを見てはいても、ずっとスルーしてきていた。政治って自分には関係ないと思っていたし、新聞はテレビ欄しか見ないような人だった。広告代理店の新人の頃は、毎朝新聞をチェックして広告を見ていたのに、それでも政治のニュースを自分ごとにしていなかった。

「見える」と「気づく」は全然ちがう。


誰にも政治の話をできなかった自分にとって、記者さんたちは唯一政治の話ができる相手でした。もちろん記者さんにとってはただの取材相手なのですが、政治のことを話しても引かれない人がこの世界に存在するということは、心の支えになっていました。

取材を受ける中で気づいたのは、メディア会社や記者の方針によって、ひとつのニュースでも内容が変わってくるのです。

何気にうれしかったのは、フェミニズムについて書き溜めていたブログを女性の記者さんたちが見つけて、女性としての生き辛さから社会問題に興味を持ったバックストーリーを記事にしてくれたことです。男社会でがんばっている女性の記者さんに共感してもらっただけでも、ブログを書いていてよかったと思うのに、それを全国の読者の方に伝えてもらえるなんて。メディアの中に女性の記者がいてくれるから、同じ女性としての視点でこの話題を取り上げてもらえた。もしかしたら女性の私たちが「自分に関係ない」と思ってきたニュースは、男性目線で書かれたニュースだったのかもしれない。だからメディアにもっと女性記者や幹部が必要なのだと気付きました。

共産党の「しんぶん赤旗」や立憲民主党の「立憲民主」など、政党メディアからの取材依頼もありました。当時、私はアンチの人たちから「野党の工作員だ」と散々叩かれていたので、政党メディアに出ることでまた叩かれるのでは？　と迷ったのですが、やっぱり出ようと思いました。それは野党の議員や支持者の方々にも、女性が政治に対して影響力を持てると知ってほしかったし、ジェンダー平等に力を入れてほしいと思ったからです。

マスメディアに取り上げられたことで、たくさんの人が私のTwitterアカウントを見つけてくれました。

「はじめの一言のつぶやき、本当に本当にありがとう」
「自分でつぶやかず、ずっと、見るだけ、リツイートだけでしたが、あのハッシュタグを見つけたとき、初めて自分のツイートとして投稿したいと思いました」
「ハッシュタグの作り方も知らなかった60代のババです。このムーブメントのおかげでツイッターをできるようになりました」

そうか、みんな機会がなかっただけで、本当はいろんな気持ちを飲み込んできたんだね。勇気を出してくれてありがとう。胸がいっぱいになって、声を上げてくれた人たちを応援したい気持ちになりました。

デモの前に見ていた「Choose Life Project」から連絡があり、「なぜいま、わたしたちは声をあげるのか」というYouTubeライブに出演させてもらいました。

映画監督や芸能人やジャーナリストなどの出演者と、そしてあの「せやろがいおじさん」と私の青い顔のイラストが並んでいます。こんな夢みたいなことがあっていいのかと口から心臓が飛び出そうでした。出演者さんたちは、「声を上げてくれてありがとう」と言ってくれました。やっと、やっと、わかってくれる人と会話ができた。ずっと心細かったので、安心感で泣きそうになりました。私に政治を伝えるということを気づかせてくれた「せやろがいおじさん」に直接お礼を言うこともできました。

当時ライブで２０００人くらいの視聴者が見てくれていました。きっとみんな一緒に声を上げてくれた人たちです。もしこのまま法案が通ってしまっても、声を上げることをあきらめてほしくないと思いました。

「たとえ社会が変わらなかったとしても、落ち込まないでください。あなた自身が変わったのだから」

Twitterで知った韓国のフェミニストの言葉を伝えました。フェミニストの言葉をフェミニズムを知らない人にも伝えられて本当にうれしかったです。YouTubeライブが終わって興奮冷めやらぬまま、何食わぬ顔で仕事の打ち合わせに参加しました。

バッシングの嵐

うれしい出会いもありましたが、それと同じくらい怒濤のバッシングの嵐も訪れました。

「これも中国の仕業か？」「韓国慰安婦の問題から目をそらすための仕組まれたハッシュタグに違いない」「反日パヨクや反日外人の手先に落ちぶれて情けないと思わないのか？」「ぱっよぱっよちーーーーーん！！！」「デタラメを発信するのもいい加減

にしてください」「嘘流して恥を知りなさいよ」「情弱が踊らされてるだけ」「尖閣諸島に中国が攻めてきます！　声をあげないんですか？」「広告業界の方ですね。立憲支持？　広告業界だから、芸能人にも届き易かったのかな？」「野党がトレンドを捏《ねつ》造《ぞう》。スパムによりトレンドを作り出した」「こいつか。フェイクを垂れ流して立憲民主党の傀儡《かいらい》として利用されているアカウントは」「声が大きい少数意見を捏造によって増幅させ、自分達の意見が民意だと詐称してごり押しすることは民主主義ではなく、ただの横暴ですよ」「今、これを話す必要ありますか？（笑）　コロナの方が重要ですよね？」「ちゃんと法案の中身を精査して呟いたほうがいいですよ」「一般人を装ったバリバリの極左戦闘員にしか見えないです」「そろそろご自分の実名・写真などを公表する時期では？」

私のTwitterはあっという間にただならぬ空気になっていきました。

よくあったのは次のようなコメントでした。

「勉強してから発言しろ」「両方の意見をちゃんと見たのか」「選挙で選ばれた政治家に口出しするな」

私は自信がないから、それらの言葉を一瞬、信じてしまいそうになりました。

でも何かがおかしい。そのロジックだと政治家にならなければ、政治にコメントしてはいけないことになってしまう。広告屋にならなければ広告にコメントしてはいけないなんて、私は聞いたことがありません。広告を作っている人たちは、視聴者の人に文句を言いません。もし作った広告が伝わらなかったり不評だったら、その事実を粛々と受け止めてそしてもっといい広告を作ろうとします。「素人のくせに広告に口を出すな」とは言いません。もし素人が何かしらのサービスにコメントをしてはいけないのだとしたら、食べログも価格.comもGoogleマップも存在すらできなくなってしまう。「選挙で選ばれた政治家に口出しするな」というのもおかしな話。政治家は「あなたの声を国政に届ける」と言っているし、ご意見ボックスをＨＰに設けているのだから、声を届けるのはやましいことではないと自分を納得させました。

「立憲民主党の工作員！」「共産党！」「赤旗！」

不思議なのですが、例えば阪神タイガースファンに向かって「阪神！」と言う人はいないですよね。なぜ政党の名前を言えば、その人をディスれると思うんだろう？　そしてなぜ私は政党の名前を言われて、こんなに後ろめたい気持ちになるんだろう？

たしかに野党の議員さんは、廃案に向けて頼もしく動いてくれているし、そのことに感謝はしている。でも私は野党のためにTwitterデモなんてしないの。私自身のためにやってるの。私が野党を使うの。与党も使うの。与党と野党に議論させて国民にメリットのある政治にしてもらうの。政権支持率は40%台でぜんぜん余裕だというのに、なぜ小さな声を恐れて叩き潰そうとしてくるのだろう？

「プロ市民！」「どうせ活動家が騒いでるだけ」

こういう人たちにとっては声を上げない人が「模範市民」であり、反対意見を言う人はみんな社会を乱す「活動家」だと思っているのでしょう。でも市民としてのプロ意識を高めることは大切なこと。むしろ、もっと早く民主主義のシステムを使いこなす市民のプロになるべきだった。それに、市民がちゃんと声を届けることで、声を聞く側の政治もレベルアップするのであって、声を叩き潰してしまえば、最終的には叩く側も衰退すると思います。それに私から言わせれば、与党の国会議員も、私を「プロ市民」とからかってくる人も、立派な「政治活動家」です。いいじゃん、みんなで政治活動家になろうぜ。

そしていちばん多かったのが日本人であることを否定するご意見。

「反日！」「日本国民はそんなこと言わない！」「パヨク！」「韓国人！　中国人！」「外国から情報操作している工作員！」「日本から出ていけ！」

ははは、笑える。

私は今までの人生で、この人たちに負けないくらい努力してきたと思う。がんばって受験勉強をして大学に行って、必死で働いて経済を回して、お国のために子供を産もうと婚活もしたし、日本の農業を救おうとさえした。かなりの「愛国者」じゃない？　国の期待に応えようと、これだけ努力してきた私が、もう限界ですと言ってるの。政治家への誹謗中傷もしていないし、誠実に意思表示をしているじゃない。日本のためにずっとがんばってきて、いまも日本の民主主義のために声を上げているのに、それで「反日」と呼ばれてしまうの？　じゃあ誰なら意見を言っていいの？　どうやって意見を言えばいいの？　そもそも意見を言ってはいけないの？　それって民主主義なんだっけ？

イナゴの群れのように押し寄せてくるバッシングに、自分が間違っているんじゃないかと心が折れそうになったとき、助けてくれたのはフェミニストの人たちでした。

私に粘着する人たちを通報してくれたり、代わりに怒ってくれたりしました。誰かが自分のために怒ってくれるとは、なんて心強いのでしょうか。アンチの人たちにどう言い返せばいいか教えてくださいというと、『私たちにはことばが必要だ』や『呪いの言葉の解きかた』といった本を教えてくれました。それらの本を参考にしながら、できるだけ見た人が暗い気持ちにならないよう言い返していくうちに、なんだか面白くなってきました。

「ネットのデマに踊らされてる情弱」
↓「あなたも一緒に踊りませんか？　Shall we ダンス？」

「反日！」
↓「多くのアカウントに言われて聞き飽きました。もっと表現を工夫してください」

「日本から出て行け！」
↓「私が日本から出て行っても、問題は解決されませんよ」

「アイコンが気持ち悪いです」
↓「キモく見えるよう狙って描いたので意図が伝わって嬉しいです」

「選挙で選ばれた国民の代表に口出しするな！」
↓「選挙は大切です。ただ国会議員って私たちの心が読める超能力者ではないのでフィードバックは必要です」

「中国が尖閣諸島に攻めてきます！　なぜ声をあげないんですか？」
↓「ご自身でどうぞ」

「政治を変えたいなら自分が政治家になってから言え」
↓「相撲を変えたければ、力士になれということですか？」

「普通のOLかと思っていたのに残念です」
↓「普通のOLが政治に関心を持ったっていいじゃないですか。むしろ持った方がいい」

自分ひとりがバッシングされるならいいのですが、勇気を出して声を上げてくれた参加者の方にも心ないバッシングの声がぶつけられました。女性芸能人へのバッシングは特にひどく、きゃりーぱみゅぱみゅさんは、投稿削除にまで追い込まれてしまいました。

せっかく政治について話せる空気ができたのに、このままでは逆戻りしてしまう。いったん自分の手を離れたTwitterデモでしたが、このままでは終われないと思いました。せっかく集まってきたみなさんと共に次のアクションに結びつけられないだろうか？

でも何をすればいいいんだろう？

採決は見送りへ

「#検察庁法改正案に抗議します」のうねりが止まることはなく、関連ツイートも含めると１０００万ツイートにまで膨れ上がっていました。

でも当時の菅官房長官は記者会見で「世論のうねりは感じていない」とコメント。

政治家はTwitterを見ていないの？　どうすれば私たちの声が政治家に届くの？

広告では伝えたい相手＝ターゲットのことを知るのがとても大切です。でも最近まで自分の選挙区の国会議員すら知らなかったくらいの私にとって、政治家の生態は謎に包まれていました。たとえ自分がわからなくてもいいじゃないか。わかってる人に助けを求め、どうすれば政治家は動くのかアドバイスを求めよう。

Twitterで呼びかけると、次々とご意見が集まってきました。

・国会議員はTwitterを世論と思っていない。
・お手紙・電話・メール・FAXで国会議員に実名で連絡するべし。
・高齢の議員はメールが見られないのでFAXが効く。
・検察庁法改正案が話し合われる内閣委員会のメンバーに連絡する。
・数の力がものをいう。

広告の世界では私ひとりがすごいアイデアを出せばよく、ライバルより抜きん出ているべき世界でしたが、民主主義はそうではなさそうです。

それぞれの人がそれぞれの選挙区で働きかければ、より多くの国会議員に問題意識を持ってもらえる。そこでTwitterデモ参加者の人に自分の街の国会議員にメールや電話で働きかける方法をシェアしました。

参加者の人は議員へのメールも電話も初めての経験だろうと思いました。そこで、自分の街の国会議員の調べ方、連絡先の調べ方、国会議員に送るメールの例文を作ってみんなに公開しました。

件名：検察官の定年延長法案について

○○様

はじめまして。
私は○○在住の○○と申します。

いま国会で審議されている検察庁法改正案に抗議します。
コロナで国民の生活が脅かされているいま、急いで通すべき内容なのかと大きな懸念を抱いております。

お忙しい中大変不躾なメールを送ってしまい恐縮ではございますが、ご再考いただけますようお願いいいたします。

○○拝
○○県○○町在住

市民の声に突き動かされて、元最高検察庁検事をはじめ検察ＯＢの方々14名が抗議の意見書を提出されました。そしてついに自民党の中からも反対する議員が現れました。

5月15日、金曜日の国会はリモートワークをしながらYouTube中継で見ました。

2万人くらいの人がYouTubeライブにいて、激流のようにチャット欄が流れていました。国会の外ではリアルデモの人々が集まっていて、大きなどよめきが中継にも聞こえていました。その瞬間、国会のひとつの会議室にたくさんの人の視線が注がれていました。まるでワールドカップの決勝戦でも見ているような気分で仕事も手につきませんでした。

森法務大臣は野党議員の質問に対して、相変わらず奥歯に何か挟まったようなお答えしかしていません。法務大臣さえ法案の正当性を答えられないのか。弁護士さんで頭のいい人だろうに、誰かをかばおうとしているのか、誰かに言わされてるのか、心が痛くなりました。

なぜか唐突に散会になって拍子抜けしました。国会って、いつもこんな感じなのだろうか？　その後、週明けに強行採決される可能性があると報じられ、週末を迎えました。

週末には国会議員は地元に帰っているという情報を得て、みんなで議員さんへのお声がけをしました。これまで蓄積された議員さんへのメール・電話・ＦＡＸなどのノウハウを

noteに集約しました。それを多くの方が実践して、報告をしてくださいました。みなさん、ただ方法を知らなかっただけで、少しのサポート情報で物凄い行動力を発揮されていました。みなさんから集まるメールの文面は、誰かを説得しようというエネルギーと工夫に満ち、その言葉はどれも力を持っていました。

おもしろかったのが「文才がない」と自分から言っている人に限って、めちゃくちゃ説得力のあるメールを書いてこられることです。政治に参加するのは退屈なことではなく、クリエイティブなことなんだと気付きました。

それを見たさらに多くの方が行動を起こし、さらにブラッシュアップされた知見が溜まっていきました。土日は深夜まで自分でもメールを書きFAXを送り、みなさんの知見をシェアしたりということを繰り返し、フラフラになって倒れ込むように寝ました。

5月18日の月曜日、また在宅勤務が始まりました。職場の人たちには自分の活動を悟られないように平静を装いました。連日のデモ、Twitterへのタイムリーな投稿、国会中継、ニュース追っかけ、議員へのお声がけ、慣れない政治トピック、取材、仕事という非日常感満載の日々に、脳が破裂しそうでした。

もう活動を続けられないかもしれないと思い始めたランチ休憩時に、「今国会での審議を見送る」というニュースが目に飛びこんできました。

Twitterで最初の投稿をしてから10日後のことでした。

いったい裏で何が起こっているのだろう？　私たちの電話やメールが効いたのだろうか？　正直ほっとした一方で、どこか不安な気持ちにもなりました。

結局、検察庁法改正案は先送りになっただけで、また秋の国会で審議入りする可能性があるとのこと。強行採決しがちな体質はそう簡単に変わるとは思えませんでした。

そのときまで今日のような熱を保ち続けられるだろうか？

翌日、コンビニにいそいそと新聞を買いに行きました。朝刊には「検察庁法案　今国会断念」の文字が読売新聞や産経新聞にも一面に躍っていました。

うっひゃー!!

ドキドキを悟られないように新聞をごっそりレジに持って行きました。

世論調査で安倍政権の支持率は2年ぶりに30％台に急落。検察庁法改正案には6割の人が反対という結果でした。Twitterだけの出来事だと思っていたのに、世論調査にまで反映されるなんて予想外でした。

仕事が始まると何事もなかったかのように、Zoomミーティングに参加しました。

5月20日水曜日、黒川検事長が緊急事態宣言の最中に賭け麻雀をしていたことが『週刊文春』に報道され、辞職する運びとなりました。一緒に麻雀をしていたのは、朝日新聞と産経新聞の記者だったそうです。麻雀をするような仲になっていたのに、なぜ何も報じてくれなかったのか、だったら麻雀する意味なんてあったのか、ひたすらモヤモヤしました。取材相手と深夜まで麻雀なんて、いかにも男ムラという感じで、とうてい女性記者は入り込めないだろう。

それにしても、いきなり法案が止まったのはTwitterデモじゃなくて文春砲が理由だったのか。さすがは文春砲。結局は文春砲。なんとも言えない脱力感に襲われました。でも世論調査で支持率が低下したことも、大きな決め手になったのではと言われていました。世論調査の結果にTwitterデモの影響が少なからずあったのだとしたら、声を上げたことは決して無駄ではなかったのです。支持率でフィードバックすれば、政治家に意思表示できる。これは大きな発見でした。

政治に関心を持ったり声を届けることを、一過性で終わらせたくないと思いました。その日のうちに参加者の人たちにお礼のnoteを書きました。

＊

日本人はすぐ忘れるというけど、きっと私たちは忘れないと思う。
初めてハッシュタグを使ってつぶやいたこと、
勉強不足だと思いながらも政治についての投稿をしたこと、
Twitter のトレンド欄に並んだ政治ワード、
自分の選挙区を調べたこと、
議員さんの連絡先を調べたこと、
議員さんのプロフィールを見て、
この人は賛成してくれそうか思案したこと、
メールの文面を考えてドキドキしながら送信ボタンを押したこと、
勇気を出して電話して秘書さんと話したこと、
コンビニでファックスを送ったこと、
そして世論が政治を動かした手応え……。
今回、勇気ある一歩を踏み出したみなさんなら、
また何度でも声を上げることができるはずです。

私はこれまで通りフェミニストとして、

ジェンダーギャップ121位の日本で
フェミニズムを当たり前にするために声を上げていきたいです。
また**ひとりの声を上げる人として、**「1匹のウサギ」として、
声を上げようとする人を応援する活動もしていきたいです。
SNSのおかげで、誰だって声を上げていいし、
声を上げればまわりの人が連帯してくれる時代になりました。
次はあなたが声を上げる人になってください。

＊

私は政治ネタに関しては初心者には変わりないので、
気になったことは調べて、なにか感じたら声を上げます。
でもあんまり難しく考えすぎたり、プレッシャーを感じすぎると、
自分らしい言葉も生まれてこないので、自然に任せたいなと。
フェミニストであり政治ビギナーとしての笛美を、
ゆっくり見守っていただけると幸いです。

デモが盛り上がっていた当時、主にアンチの人たちから「ボットやスパムによる大量投稿ではないか？」と疑いをかけられていた件について、後日ソーシャルメディア研究者の鳥海不二夫東京大学大学院教授（当時）が調査していました。ボットによる投稿は多くは見られなかったこと。また1回しか投稿していないアカウントが8割で、スパムによる大量投稿とは言い切れないと分析していました。3日間でツイート、RTに関わったアカウントは58万8065で、中心になって拡散したのは全体の約2％だったとも指摘されていました。渦中にいる自分とはちがう視点の分析をとてもありがたく思いました。

Twitterデモを振り返る記事やニュースは後をたちませんでした。ロイターの英語の記事に〝Fuemi, a feminist〟として紹介してもらえたときは、本当にうれしかったです。私がフェミニストであることを、真正面から書いてくれたのはロイターだけでした。毎日新聞の一面に、私のTwitterの投稿画像が出たときはえらいこっちゃと思いました。過去に個人のソーシャルメディアの投稿が全国紙の一面になることなんてあったでしょうか？

採決が見送られてからも、国会では検察庁法改正案の議論がされていました。私が仕事をしている間に、私に代わって議論してくれる国会議員がいてよかった。一般人が安心して仕事ができるように、政治を代行してくれてるのが政治家のはずなんですよね。

それから1ヶ月後、検察庁法改正案は廃案となりました。

社会準備運動

「Twitterデモは「社会運動」の一種で、ハッシュタグを使って行動することは、「ハッシュタグ・アクティヴィズム」と呼ばれているそうです。コロナで人々が家にこもって国会を見て声を上げ始めたことは、「巣ごもりデモクラシー」と呼ばれました。

オンラインだけでなく、リアルで社会運動をしてきた人たちの存在も知りました。「安保法案のときさえ止まらなかったのに、今回止まったことは快挙だ」と言われ、安保法案をGoogle検索してみると、国会議事堂前に何万人もの市民が集まっている写真を見つけました。私が仕事や婚活で忙殺されていた2015年に、日本ではこんな大変なことが起きていたのか。お金にもならない、すぐに効果が出るとは限らない、それでも自分たちの社会のために声を上げてきた人たちの努力は、なんと尊いのだろう。長年にわたって地道に社会運動をしてきた先人たちが今回のTwitterデモに参加してくれて、強行採決が止まったことに励まされたと言ってくれました。声を上げられない自分のための言葉が、これまで声を上げてきた人たちにも使ってもらえたのです。

もしも社会運動という運動があるならば、多くの日本人はずっと運動不足の状態だったのかもしれません。スポーツセンターのトレーナーさんが教えてくれたのですが、運動不足の人はいきなりハードな運動をするより、まずは準備運動をして、徐々に運動のレベルを上げていくといいそうです。もしかしたら今回のTwitterデモは、これまで運動してこなかった人も参加できる社会準備運動だったのかもしれないと思いました。

過去のTwitterデモと言葉遣いが違ったことについて、評価してくださる人は多かったです。でも私は強い言葉で訴えることを否定しません。強い言葉で表現してくれる人がいたからこそ、私は政治の問題点に気づくことができ、自分に言いやすいようにアレンジできたからです。私が丁寧な言葉を使った理由は、強い言葉を使えない自分のような人間が声を上げるハードルを下げるためであり、決して権力側に理解してもらうためではありません。また私は広告で得た知識を応用して表現を考えましたが、そういう工夫をする余裕があるという時点で、ある種の特権を持っているのかもしれません。

社会の問題について声を上げる人に対して、「そんな強い言葉だと聞いてもらえないよ」と発言の内容ではなくトンマナを批判して黙らせることを「トーンポリシング」と言うそうです。今回、初めて国会を見ただけでもショックを受けたのに、ずっと国会を見てきた人たちは、積もり積もった思いがあるのだと思います。フェミニズムについて声を上げている人たちも、これまで何十年間も言い続けて聞いてもらえなかったために、強い言葉になってきたのかもしれません。いま苦しみの真っ只中にいて必死で声を上げている人は、言い方に気をつけられるほど余裕がないこともあります。

もしも誰か声を上げているのを見て、「そんな言い方じゃ聞いてもらえないよ」と言いたくなったら、声を上げている人を黙らせるのではなく、それに気づいた自分の洞察力を信じて、新しい声のあげ方をトライしてみてほしいです。

「もう一度検察庁法改正案のときのような盛り上がりを」とたまに言われることがあります。でもあれは諸条件が揃ったから偶然起きたのであって、狙って起こせるものじゃありません。「あのとき」を再現できないとガッカリするより、その時々に届けたい人に合わせて新しいゴールやアプローチを考えていけたらいいのではないでしょうか。もし誰かを動かしたいと思ったら、その人はどんな人なのか、何をほっしていて何を嫌がっているのか、ちゃんと見てあげて、その人ができそうな参加のスタイルを考えてみてください。なによりご自身が、自分に嘘のない、無理のない方法で、声を出してみてほしいです。私も広告の仕事ではクライアント都合にとことん合わせて、「無理してる」言葉も時には発してきました。でも無理は結局どこかで見抜かれるから、せめて自分から発信することくらいは、自分にとって無理のないものにしていきたいです。

カウントダウン

２０２０年の年の瀬、Twitterトレンド大賞の発表会を、ドライヤーで髪を乾かしながらスマホで見ていました。舞台の上では人気のタレントさんが入れ替わり立ち替わり、今年ヒットしたトレンドワードをカウントダウンで発表していきます。

Twitterトレンド大賞、第5位、鬼滅の刃!

あのワードはランクインするのだろうか？　今年を代表するタレントさんが入れ替わり立ち替わり現れ、大人気のエンタメ作品やゲームなどが紹介される。まさに平和で華やいだ日常を象徴するようなあの場所に、あのワードは似つかわしくないような気がしました。

Twitterトレンド大賞、第4位、100日後に死ぬワニ

「Twitterデモは世の中を変えたといろんな人に評価してもらいました。でも本当にそうだったのでしょうか？　都知事選の投票率は55％、コロナの影響か政治への関心の低下か、前回より4・73ポイント下回りました。

安倍首相が退陣して、菅政権が誕生しました。菅内閣の女性閣僚はたった2人でおじいちゃん内閣のように見えました。「選択的夫婦別姓」は自民党の保守派議員の反対にあい、第5次男女共同参画基本計画から削除されてしまいました。ファミリーマートのお惣菜シリーズ「お母さん食堂」の改名を求める署名には、強いバックラッシュが起きました。

少しずつ前に進みながらも、強い逆風を浴びたような1年だったと思います。私自身、声を上げる人になった自分に対する後ろめたい気持ちを、未だに捨て去ることができませんでした。政治について知っていくほど、自分の言葉が「うさぎさん」に届きにくくなる不安も募っていきました。別に悪いことをしているわけじゃないのに、なぜ私は匿名でい続けているんだろうと、もどかしい気持ちになることもありました。

Twitterトレンド大賞、第3位、緊急事態宣言

カウントダウンは、もうあと1位と2位しか残っていません。

さすがに1位があの言葉になるのは無理があるだろう。

もし、無視されたら?

それでもいいじゃないか。

「Twitterデモ一発屋芸人」になってから、私の生活はけっこう変わった。たまには国会中継を流し聞きするし、国会議員の名前も前よりは覚えた。顔は出さないけどメディアに出たり、尊敬するフェミニストやインフルエンサーの方と交流する機会ができた。リアルでも政治やフェミニズムの話をぶっこめるようになった。それで微妙な空気になった友達もいれば、逆に仲よくなった友達もいた。政治の話が当たり前にできる空気が、自分のまわりだけでも形成されつつある、ような気がする。でもその勇気を持てたのは、恐る恐る一歩をふみだしているフォロワーさんたちに刺激をもらったからだ。

韓国のフェミニストさんが言ったように、たとえ社会が変わらなくても、私自身が変わったのだから、それでいいじゃないか。

でも、やっぱり無視されたくない。だって広告屋だもん。

Twitterトレンド大賞、第2位……

どうするんだろ、これ？　もう無視されるの？　このまま終わるの？

#検察庁法改正案に抗議します

全身から力が抜けました。無視されなかった。なかったことにされなかった。順位がどうとかじゃなくて、ちゃんと存在を認めてくれたんだ。ダイジェスト映像では、オンラインで政治や社会を話すことに関しての肯定的な意見と、フェイクニュースや誹謗中傷などの問題点も言及してあり、手放しで褒めないところにも誠実さを感じました。

あのとき、みんなで声を上げたことをちゃんと社会から認めてもらえた。自分たちの声を無視されないことが、こんなにうれしいことだったなんて思いませんでした。

Twitterトレンド大賞2位の知らせを、デモに参加してくれた人たちや、フェミニストの先輩たちも祝福してくれました。一緒に声を出してくれて、本当にありがとう。誰がなんと言おうと、参加してくれたみなさんのひとつひとつの投稿のおかげで、たしかに政治は動いた。そしてこのムーブメントは政治の話ではあったけど、フェミニストの人たちがいなければ存在さえしなかったでしょう。本当はフェミニズムを広めるキャンペーンをぶち上げたかったけど、上出来じゃないか。もしこれが仕事だったら社長賞ものだよ。

ちなみにTwitterトレンド大賞1位は「コロナ（新型コロナ）」でした。

崖の下から

いま私は20代の自分が思い描いていた崖の下を生きています。きっとあの頃の私がいまの私を見たら、「人生に失敗して政治的な発言をするようになった残念なおばさん」という印象を持つでしょう。でもここは崖の下にしてはあまりにも穏やかです。昔といまの免許証の写真を比べると、まるで保護猫のビフォアアフターのように見えます。20代の頃の写真は髪にも肌にも力がなく、表情も悲壮感が漂っています。でもいまの写真は髪も肌もツヤがあって、無理のない笑顔でこちらを向いています。恐れていた崖なんか本当はなく、ちょっとした凸凹だったのかもしれません。

私は清廉潔白なフェミニストではありません。今でも女性蔑視にとらわれている自分に気づいて、愕然とすることがあります。気になる異性ができたとき、恐らく彼が家事をしないことを見越して、彼のために仕事をセーブしつつ家事と育児を請け負う価値があるかどうかを計算している自分にゾッとしました。たまに既婚女性に対して「ご主人は」と無意識に言ってしまうこともあります。もし必要があれば、いつだって男性にニコニコ&ペコペコする準備はできています。一度おじさん社会に染まってしまった私は、これからも女性蔑視と闘病しながら生きていくしかないのでしょう。

28歳までにいい男と結婚し、30歳までに仕事で成果を出し、35歳までに子供を2人産む。そのタイムスケジュールをなんとなくあきらめたら、あれほど私を苦しめた年齢という時限爆弾は消滅し、手つかずの豊かな時間が目の前に広がっています。女性にとって定番とされるライフコースを実現している人を否定するわけではありません。結婚も出産もレッテルや勲章ではなく「状態」。明日には私も違う「状態」に変化しているかもしれません。ただひとつだけ確かなのは、日本社会の変革は、私の出産可能年齢には間に合わないということです。今後もおじさん有権者がおじさん政治家に自分たちの都合のいい政治をさせ、多くの人がそれに気づかないまま、気づいていてもどうせ変えられないとあきらめて生きていくのかもしれません。婚活市場にいる男性は、あいかわらず私を産業廃棄物や中古品として扱ってくるでしょうし、「嫁」には家事と子供を産む役割を期待してくるでしょう。私の恋人になる人はAVをセックスのお手本にしている可能性は高いし、女性より年収が低いことをコンプレックスに感じるかもしれません。もし結婚したら私は96％の確率で夫の苗字に変え、夫より2倍以上多く家事をするでしょう。産後に豹変《ひょうへん》してモラハラされるかもしれないし、私がするかもしれない。子供を産んだら職場ではマミートラックに入れられ、ワンオペ育児をすることになるかもしれません。子供が生まれれば転職や昇進も難しくなるかもしれません。それでも周囲の人たちは「笛美が幸せになってよかった」と祝福してくれるでしょう。きっと私の赤ちゃんは世界一かわいいでしょう。この子のために何を犠牲にしても構わないと思うでしょう。努力家の私のことだから、子育ても家事も仕事もとことんやりきろうとするでしょう。

でも、まだ見ぬかわいい赤ちゃんよりも、いま生きている自分のことをまずは大切にしてあげたいのです。だから自分を傷つけたり、すり減らしてまで婚活したいとか、お金をかけて痛い思いをして不妊治療したいとは、いまこの瞬間は思うことができません。シングルで子供を産むことも想像するけど、子作りの相手探しがめんどくさいし、人工授精もお金がかかりそうだし、痛そうです。私は努力が得意なはずなのに、こんな風に結婚や子作りのための努力を考えると、すぐ全身が痛くなってきて、「生きていてごめんなさい」病が再発してしまいます。いまの日本で結婚したり子供を産んで幸せな人もいるかもしれないけど、もし自分が「生きていてごめんなさい」と思ってしまうのだったら、私にとって幸せのオプションではないのかもしれません。

もし日本が働きやすく産みやすい国であったなら、別の運命があったのか？　もしF国みたいな国に生まれていたら？　日本人に生まれたとしても、若いうちから女性差別のない国に移住すればよかったのか？　選べなかった人生をあれこれ想像していると、いまの日本で子供が生まれるというのは、もはや奇跡みたいだと思います。

だからせっかく生まれてきてくれた子供に、せめてまともな国を残してあげたいし、産んだ人に苦しい思いもしてほしくない。産んでない私のことも否定してほしくない。日本のどこかで悩んでいる誰かにフェミニズムの風が届くように、誤解され恐れられ笑われながら、自分なりの小石を投げ続けようと思います。

「女性が輝く社会」で、私は輝くためにボロボロになりました。私を輝かせようとした人たち、今度はあなたが女性の声を聞く番です。おじさん社会に育ててもらった私のような人間が、おじさん社会で学んだことを生かしながら、おじさん社会の扉をこじ開けて新しい空気に入れかえたい。それが私にとっての、おじさん社会への逆襲です。

声を上げてみたくなったら

仕事や家事・育児・介護などで忙しくて疲れていても、あなたの気持ちを社会に反映させる方法はあります。個人的に試してみた難易度別にご紹介します。やってみて違うと思ったら無理しないでください。

●すぐできる

ニュースを見る
新聞を読む
ソーシャルメディアで政治・社会系の投稿に反応する
Twitterデモに参加する
オンライン署名に協力する
国会中継を見る

●ちょっと手を動かす

選挙で投票する
メディアに意見を届ける
企業に意見を届ける

政治家や政党などに意見を届ける（メール・電話・FAX↑おすすめ）
パブリックコメントに意見を届ける
共感できるブランドで買い物をする

●ちょっとがんばる
ソーシャルメディアのリアルアカウントで時事ネタを投稿する
家族や友人に時事ネタを話してみる
セクハラ・パワハラに笑ったり乗ったりしない
声を上げている人を応援する
家族や友人に署名を呼びかける

●無理のないレベルで
ボランティアに参加する
政治家にアポ取りをし面談する
応援したい団体に所属・寄付する
街頭のイベントやパレードに参加する
セクハラ、パワハラを止める

あとがき

「おじさん社会への逆襲」とか威勢よく言ってみたものの、現実では生きていくだけで精一杯の私です。でもこの本を書いたことで「女子」としての一生に区切りをつけ、自分の足で歩いていくんだなという気がしています。私はこの本に出てくる特定の個人や団体を批判したいのでは決してありません。むしろその逆で、とても素晴らしい経験をさせてもらったと感謝しています。そんな愛すべき人や組織であっても、日本社会の女性蔑視とは無縁ではありません。女性蔑視の社会は、「女子」という存在に期待と欲望を一身に背負わせ、その一挙手一投足を審査し続けるのだと、女子でなくなった今だからわかります。だけどこの女性蔑視も、私たち自身が意志を持てば変えることができます。日本社会は変わるのには時間がかかるけど、変わり始めたらスピードが速いです。今あなたがこの本を手に取ってくれただけでも、女性を取り巻く空気は少しだけ動いたかもしれません。私に新しい視点を持たせてくれたフェミニズムの本たちのように、この本も書店や図書館の隅っこで、誰かに気づいてもらえるのをじっと待っている存在になれますように。

フェミニズムと並ぶこの本のもう一つのテーマが民主主義でした。私は基本的には大人の期待に背かない優等生として生きてきました。でもフェミニズムを知って初めて、自分の考えを抑えつけようとする大きな力が存在することを知り、誰でも好きなことを自由に言える民主主義の尊さに気づきました。私は「この政党や政治家がいい」などと断言することはできません。この本を書いている間にも様々な問題が起きていろんな人の声が聞こえてきて、何が正しくて何が間違っているか、ますますわからなくなってきました。だけど森羅万象の問題を解決してくれるスーパースターよりも、政治や社会について一分だけでも考えようとする一人ひとりにこそ希望があると信じています。私の「Twitterデモは一発屋でよくて、これを肥やしに新しい意見やアイデアが出てきて、過去を塗り替えていってほしいです。

最後になりますが、たくさんの学びをくれた広告業界の人たち、私の唐突な政治やフェミニズム話に付き合ってくれた友人たち、私たち女性に道を拓いてくれたフェミニストの人たち、勇気を出して一緒に声を上げてくれた人たち、そして初めての本作りに伴走してくれた亜紀書房編集者の足立恵美さん、校正者の牟田都子さん、装丁家の川名潤さんに感謝を申し上げます。

笛美

笛美（ふえみ）

2020年5月8日にTwitterに広がった「#検察庁法改正案に抗議します」を作った張本人。ハッシュタグは瞬く間に拡散し、400万を超すツイートを生み出し、Twitterトレンド大賞2020の2位に。現在も広告関連の仕事をしている。

ぜんぶ運命《うんめい》だったんかい
おじさん社会《しゃかい》と女子《じょし》の一生《いっしょう》

2021年8月2日　第1版第1刷発行
2024年3月3日　第1版第2刷発行

著者　笛美

発行者　株式会社亜紀書房
〒101-0051
東京都千代田区神田神保町1-32
電話（03）5280-0261
振替00100-9-144037
https://www.akishobo.com

印刷・製本　株式会社トライ
https://www.try-sky.com

Printed in Japan
ISBN978-4-7505-1704-9　C0095
©Fuemi, 2021

乱丁本・落丁本はお取り替えいたします。
本書を無断で複写・転載することは、著作権法上の例外を除き禁じられています。

好評発売中

さよなら、男社会　尹雄大

真に女性と、他者とつながるために、乗り越えねばならない「男性性」の正体とは何か。50歳となった著者が、自らの体験を出発点に「いかにして男はマッチョになるのか」「どうすれば男性性を脱ぎ去ることができるのか」を問う。——これまでにない男性をめぐる当事者研究！

「母と息子」の日本論　品田知美

成績がよいことですべてが免罪される男たち。それを支える母と息子。その濃密な関係が日本社会の骨組みを作っている。ひきこもり、教育ママ、相模原障害者殺人事件など、社会で起こる様々な事例を引きながら、母と息子の関係性をものさしとして、日本社会のいまを考える。

足をどかしてくれませんか。
メディアは女たちの声を届けているか　林香里編

男性中心に作られるジャーナリズムの「ふつう」は社会の実像とズレている。メディアが世界を映す鏡なら、女性の「ふつう」も、マイノリティの「ふつう」も映してほしい。——女たちが考える〈みんな〉のためのジャーナリズム。〈みんな〉が心地よい表現とは？

バッド・フェミニスト　ロクサーヌ・ゲイ　野中モモ訳

私はピンクの服も着たいし男性も好きなダメ・フェミニスト。でも、矛盾を抱えて完璧ではない自分や他人を受け入れ、分断を乗り越えて差別のない世界を夢見たい。多くの女性に勇気を与え、全米で大反響を巻き起こした批評＝エッセイ集。

こいわずらわしい　メレ山メレ子

恋愛なんてもう卒業。花や草や虫を愛で、気の合う仲間を思い、心穏やかに暮らしていたい。そう嘯きながらも、恋に恋する気持ちが捨てられない。人と人との間で交わされる、恋と愛のエピソードを渉猟する日々を丹念に綴った、メレ山メレ子的恋愛フィールド雑記帳。